한반도에서 바라본 고대일본

다카타 간타(高田貫太) 지음 | 김도영 옮김

진인진

한반도에서 바라본 고대일본

::

일러두기

일본어 표기 – 국립국어원 외래어 표기법 규정을 따랐다.

• 지명은 아래와 같이 표기하였다. 기본적으로 괄호 내에 한자를 병기하고 도(都), 부(府), 현(縣) 등 행정단위는 따로 한글로 표기하였다.

大阪府 – 오사카(大阪)부	香川縣 – 가가와(香川)현	九州 – 규슈
加古川 – 가코가와	岡山 – 오카야마	岩手 – 이와테
鹿児島 – 가고시마	長崎 – 나가사키	神奈川 – 가나가와
長野 – 나가노	宮崎 – 미야자키	兵庫 – 효고
福井 – 후쿠이	千葉 – 지바	滋賀 – 시가
奈良 – 나라	和歌山 – 와카야마	新潟 – 니가타
広島 – 히로시마	福岡 – 후쿠오카	博多 – 하카타
近畿 – 긴키	機内 – 기나이	山陰 – 산인
吉備 – 기비	讃岐 – 사누키	対馬 – 쓰시마
東北 – 도호쿠	宗像 – 무나카타	東海 – 도카이

• 朝鮮半島는 한반도로 변경하였다. 그러나 현해탄은 후쿠오카 앞바다의 오시마 섬(大島)과 그 서쪽의 이키 섬(壹岐島) 사이의 해역을 가리키므로 대한해협으로 변경하지 않고 그대로 음독하였다.

• 신사, 신궁 – 한자를 병기하고 신사, 신궁만 한글로 표기하였다.
  誉田八幡神宮 – 곤다하치만(誉田八幡)신궁
  隅田八幡神社 – 스다하치만(隅田八幡)신사

• 바다, 강, 하천, 호수는 아래와 같이 표기하였다.

瀬戸内海 – 세토나이카이	有明海 – 아리아케카이	市川 – 이치카와
遠賀川 – 온가카와	紀ノ川 – 기노카와	糸魚川 – 이토이카와

筑後川 - 지쿠고카와　　高梁川 - 다카하시카와　　小田川 - 오다카와
吉井川 - 요시이카와　　旭川 - 아사히카와　　足守川 - 아시모리카와
田川 - 다카와　　琵琶湖 - 비와코　　周防灘 - 스오우나다

• 인명은 아래와 같이 표기하였다.
　雄略 - 유랴쿠(雄略)　神功 - 진구(神功)

• 유물은 아래와 같이 표기하였다.
　須惠器 - 스에키　埴輪 - 하니와

목차

일러두기 _4

서장　새로운 한일관계사를 향하여 _8

제1장　한과 왜의 관계 - 야요이시대 후반~4세기 _36
　　제1절　본격적인 교섭 - 야요이시대 후반 _37
　　제2절　연동하는 교역항 _50
　　제3절　왕권 간 통교의 시작 _60
　　제4절　'기술혁신의 세기'를 향하여 _75

제2장　다양화하는 관계 - 5세기 전반 _82
　　제1절　왜계고분으로 본 백제, 영산강유역과 왜 _83
　　제2절　금관국의 동요와 신라, 왜 _98
　　제3절　대가야의 대두와 왜 _110
　　제4절　왜왕권과 지역사회 _119
　　제5절　외교의 참가와 독자적 교섭 - 북부 규슈 _126
　　제6절　네트워크의 활용 - 세토우치 _132

제3장　왕권의 흥망과 관계의 재편 - 5세기 후반~6세기 전반 _144
　　제1절　백제의 멸망·부흥과 왜 _146
　　제2절　신라의 대외전략과 왜 _156

제3절 대가야의 비약과 왜 _165

제4절 대가야의 쇠퇴와 왜 _173

제5절 한반도 정세와 왜의 움직임 _190

제6절 기비 사회와 왜왕권의 확집 _192

제7절 왜왕권에 의한 외교권 장악

– '이와이의 난'을 둘러싸고 _205

제4장 한반도의 전방후원분이 말하는 것 – 영산강유역과 왜 _218

제1절 영산강유역의 전방후원분이란 _219

제2절 영산강유역 두 개의 묘제 _226

제3절 교통로와 전방후원분 _235

제4절 전방후원분이 축조된 배경 _245

종장 한일관계사와 현재, 그리고 미래 _254

사진제공기관 _271

후기 _273

옮긴이의 말 _277

한반도에서
바라본

海の向こうから見た倭国

고대일본

새로운 한일관계사를 향하여

세토우치(瀬戸内)의 고분

2014년 2월 13일 아침, 가가와(香川)현 다카마쓰(高松)항구 제1부두에서 페리호를 기다리고 있었다. 페리호의 이름은 메온(めおん)호. 행선지는 메기시마(女木島)이다. 날씨는 쾌청했으나 견디기 힘들 정도로 추위는 매서웠다. 오전 8시에 출발하는 메온호에 올라타고 배의 갑판에서 세토우치의 다도해를 바라보니 이내 메기시마가 눈앞에 펼쳐졌다.

메기시마는 다카마쓰항에서 북쪽으로 4km, 세토나이카이(瀬戸内海)에 떠 있는 둘레 9km정도의 작은 섬이다. 섬의 대부분은 구릉지로 남쪽의 산봉우리와 북쪽의 와시가미네(鷲ヶ峰) 산봉우리가 대치하고 있다. 그 사이의 능선을 끼고 동서로 매우 좁은 평지가 보인다. 이 곳에 취락이 펼쳐져 있고 항구가 있다. 페리의 승강장은 동쪽의 히가시우라(東浦)취락에 접해 있는데 다카마쓰항구를 출발한 지 20분 정도 후에 도착했다.

인기척이 거의 없는 페리 승강장을 내려 묵묵히 걷기 시작했다. 목적지는 두 개의 산봉우리 사이에 위치하는 작은 고분이다. 취락을 지나 꼬불꼬불 구부러진 구릉 사면의 등산길을 30분 정도 천천히 올라 길가에 있는 고분에 도착했다. 고분의 분구를 따라 돌담이 둘러져 있고 중앙에 작은 사당이 있었다. 주변에 다른 고분이 보이지 않아서 고분은 마치 외로이, 조용히 혼자 멈춰 서 있는 것 같았다.

이 고분의 이름은 메기시마 마루야마고분(丸山古墳). 1964년 11월에 발굴조사가 이루어졌다. 그 결과 직경 14.5~16m의 작은 원분이며 5세기에 축조된 것이 밝혀졌다. 분구의 전면을 20cm크기의 각력(角礫)으로 덮었으며 매장시설은 부근에서 채취할 수 있는 판석을 조합하여 만든 석관이었다. 무덤에 묻힌 사람의 뼈가 내부에 남아 있었으며 철도, 철겸, 그리고 금제의 귀고리가 출토되었다. 귀고리는 피장자에게 착장된 상태였다.

이 귀고리는 귀에 부착하는 환 아래에 드리개를 늘어뜨렸으며 만듦새는 소박하면서도 정교하다. 이러한 귀고리를 수식부이식(垂飾附耳飾)이라 부른다. 지금까지 연구를 통해 한반도에서 반입된 것, 그리고 한반도에서 일본열도로 건너온 사람이 만든 것이 있는 것으로 알려져 있다. 일본열도에서는 아직 50사례 정도밖에 확인되지 않는 귀중한 장신구이다. 대부분 5, 6세기 일본열도에 축조된 큰 고분에서 출토된다. 귀고리는 거기에 매장될 정도로 힘을 가진, 지역을 대표하는 유력자(수장)밖에 가질 수 없었을 것이다. 일상과 제사 장소에서 귀고리를 달고 과시함으로써 자신의 위신을 자랑하기도 했을 것이다.

그런데 왜 세토우치의 작은 섬에 축조된 매우 작은 원분에 묻힌 사람이, 한반도에서도 귀한 귀고리를 착장하고 있었을까? 그(그녀)는 대체 어떤 사람이었을까. 이를 알기 위한 실마리를 얻고자 고분이 축조된 메기시마를 찾은 것이다.

고분에 도착하여 주위를 둘러보았을 때, 그 조망에 순간적으로 숨을 죽일 수밖에 없었다. 날씨가 쾌청한 탓에 남쪽으로는 바다 건너 다카마쓰 항구와 야시마(屋島), 고켄잔(五劍山), 시운잔(紫雲山)이 보였고 북쪽으로 비산세토(備讚瀬戸)의 바다, 나오시마(直

島)를 비롯한 크고 작은 섬들, 그리고 멀리 오카야마(岡山)현 고지마(児島)까지 바라볼 수 있었다. 세토나이카이를 오가는 어선과 페리도 볼 수 있었다. 고분 조사자가 이야기한 것처럼 '비산세토의 풍광은 섬의 자락에서 왔다 갔다 하는 하얀 파도 소리

메기시마(위)과 메기시마 마루야마고분(아래)

와 함께 고분시대 사람의 이목을 만족시켰을 것'(森井 1966: 34)이기에 바다에 인접한 곳을 일부러 선택해서 고분을 축조했으리라 생각되었다.

경관을 사진으로 담고자 카메라 셔터를 누르면서 좀 전의 질문에 대해서 계속 생각했다. 주위에 고분이 존재하지 않는 것, 바다를 의식해서 고분을 축조한 것, 분구의 표면을 돌로 덮은 적석총이라는 무덤과 비슷한 것, 적석총이 한반도에서 건너온 사람들의 무덤일 가능성이 큰 것, 그리고 메기시마에서 농경지로 이용할 수 있는 평지가 매우 적기 때문에 농업이 고분을 축조한 기반

메기시마(중앙에 작은 고분이 보인다)

으로 생각하기 어려운 점. 이런 여러 특징이 묻힌 사람의 성격을
나타내는 것이 아닐까?

마루야마고분을 떠나 북쪽의 산봉우리에 있는 동굴과 전망대,
섬의 남단에 위치하는 곳의 등대를 향하는 도중에도 머릿속에 여
러 생각이 떠나지 않았다. 페리 승강장에 다다랐을 때, 해는 완전
히 저물어 눈이 흩날리기 시작했다. 마지막 페리에 몸을 싣고 메
기시마를 뒤로 했다.

백제의 귀고리

다음 날, 호텔 창에서 밖을 보니 다카마쓰 시내가 완전히 눈으로
덮여 있었다. 호텔을 나와 선크리스탈 다카마쓰 4층에 있는 다카
마쓰시역사자료관으로 향했다. 메기시마 마루야마고분에서 출토

된 귀고리를 조사하
기 위해서였다. 대학
원생 때 견학한 적이
있었지만, 다시 한번
눈으로 확인해보고자
미리 자료조사를 신
청해둔 것이다.

조사실로 안내를
받아 십수 년 만에 실
물을 대면했다. 귀고

메기시마 마루야마고분 출토 수식부이식

리가 한반도의 어디에서 제작되었는가라는 질문에 대해 그때까
지 품고 있던 대답이 맞다는 생각이 들면서 약간 흥분되었다. 가
슴을 추스른 뒤, 귀고리의 세부적인 부분까지 실측하고 한반도의
사례와 비교하면서 확신할 수 있었다. 메기시마 마루야마고분의
귀고리는 한반도의 백제에서 5세기 전반부터 중엽 경에 제작된
것이다.

메기시마 마루야마고분에서 출토된 귀고리는 일본열도에서
한 사례밖에 확인되지 않는다. 한반도에서도 백제 유적 이외에는
거의 출토되지 않는다. 주로 백제고분에 부장되며 묻힌 사람의
정치적인 지위를 나타내는 장신구였다.

이처럼 마루야마고분의 귀고리가 백제에서 제작된 것을 확인
하고 전날 찾은 고분의 특징과 관련지어 생각해보았을 때, 마루
야마고분에 매장된 사람의 모습이 비로소 머릿속에서 선명하게

상을 맺었다. 그(그녀)는 백제에서 건너온 도래인, 혹은 백제와 매우 밀접한 관계를 맺은 사람이지 않았을까. 그리고 백제와 왜 사이를 왕래하며 양자를 잇는 역할을 담당한 것이 아닐까. 일단은 묻힌 사람의 모습을 그려볼 수 있었던 것에 만족하면서 이틀에 걸친 조사를 마치고 귀로에 올랐다.

고분시대의 사회

메기시마 마루야마고분이 축조되었을 무렵, 일본열도는 고분시대였다. 고분시대는 대략 3세기 후반에 시작해서 7세기 초에 끝이 난다. 중국과 한반도에서는 이 무렵 일본열도에 살던 사람들과 그 사회를 '왜인(倭人)', '왜(倭)'라고 부르고 있었다.

고분시대 사회를 특징짓는 것은 뭐니 뭐니 해도 고분이다. 16만 기라는 방대한 숫자의 고분이 일본열도 각지에 축조되었다. 지역을 대표하는 대수장부터 이를 따르는 중소 수장, 취락과 호족의 장, 때로는 일반 민중에 이르기까지 실로 다양한 사람들이 고분에 묻혔다. 그 가운데 수장들이 묻힌 대부분의 큰 고분은 전방후원분으로, 이와테(岩手)현에서 가고시마(鹿児島)현에 걸쳐 분포한다. 그래서 고분시대를 '전방후원분의 시대'라고 부르기도 한다.

지금까지 연구에서 고분의 크기와 전방후원분, 전방후방분, 원분, 방분과 같은 다양한 형태를 분석한 결과, 일본열도 각지의 지역사회 사이에 정치적인 질서가 형성된 것으로 생각되고 있다. 쓰쿠시(筑紫)지역, 기비(吉備)지역, 이즈모(出雲)지역, 게누(毛野)지역 등이 유력한 지역사회이며, 그 정점이 거대고분이 집중된 기나이(畿內)지역이다. 기나이지역은 왜왕(倭王)이 본거지를 둔 사회였다. 이를 야마토조정, 야마토정권이라 부르는 경우도 있으나 본서에서는 왜왕권이라 부르고자 한다. 즉 당시의 왜는 일본열도 각지의 다양한 지역사회와 기나이의 왜왕권으로 구성되어 있었다.

한반도와의 관계

그리고 왜는 한반도로부터 다양한 문화를 계속 받아들이면서 취사선택하고 변용시켜 자신들의 문화로 정착을 꾀했다.

예를 들어 스에키(須惠器)라고 불리는 단단한 토기가 그렇다. 5세기, 일본열도 각지의 사람들은 한반도로부터 기술을 받아들여 스에키를 활발히 생산하였다. 또 철제 도구를 만들거나 철 자체를 생산하는 기술도 그렇다. 왜는 일찍부터 철 원료를 한반도에 의존하였으며 도구를 만드는 기술도 제한된 유력자에게만 점유되었다. 그러나 5세기에는 한반도에서 건너온 사람들(도래인)에 의해 철제 도구를 만드는 기술이 각지로 확산되었다. 그리고 늦어도 6세기 후반에는 철광석을 자체적으로 제련하여 철을 생산할 수 있게 되었다.

그리고 금, 은, 동을 사용하여 장신구와 마구 등 다양한 물품을 만들 수 있는 금공기술도 한반도로부터 전해졌다. 이 외에도 말을 사육하는 노하우, 관개기술, 나아가 시루 등 자비기(역자주: 물 등을 끓이는 데 사용하는 그릇)와 새로운 주방·난방시설(부뚜막) 등 실로 다양한 정보와 기술, 도구가 전해졌다.

이로 인해 고대, 중세로 이어지는 생활양식의 큰 변화가, 고분시대에 일어났다. 그 중심이었던 5세기를 '기술혁신의 시대'라 부르기도 한다.

따라서 고분시대의 수장들은 자신들을 따르는 사람들에게 한반도의 선진적인 문화를 접해 볼 기회를 제공할 필요가 있었다. 그리고 한반도와 유대관계를 나타내는 다양한 장신구, 무기, 마구 등을 과시함으로써 그에 적합한 인물이 자신이라는 것을 어필했다. 그래서 수장이 묻힌 큰 고분에 한반도에서 건너온 다양한 물건들이 부장된 것이다.

이처럼 왜에게 한반도와의 유대는 철 등의 필수물자를 입수하거나 편의성이 높은 생활양식을 받아들이는 데 결정적으로 중요했다. 따라서 당시의 왜와 한반도의 관계를 연구하는 것은 단순히 과거에 해외와 어떠한 교류가 있었는가를 살펴보는 것에 그치는 것이 아니다. 고분시대 왜 사회를 생각하는 데도 불가피한 테마인 것이다.

왜와 한반도의 관계사(한일관계사)를 새롭게, 그리고 가능한 한 알기 쉽게 그려나가는 것이 본서의 목적이다. 덧붙여 한일관계사라고 하면 현대의 일본과 한국, 북한 관계를 떠올리는 사람들이 있을지 모른다. 그러나 본서에서는 일본열도와 한반도에서 생활한 사람들의 '교류의 역사'를 의미한다.

'임나지배'론이란 무엇인가

그럼 지금까지 일본 사회 속에서 고분시대의 한일관계사는 어떻게 그려져 왔을까? 갑작스럽지만 연세가 있으신 일본 독자 중에는 '야마토조정의 임나지배(任那支配)'를 학교에서 배운 분도 계실 것이다.

예전에는 4세기 후반부터 야마토 조정이 대규모의 '조선 출병'을 수차례에 걸쳐 실시하여 한반도 남부의 가야(이를 일본에서는 '임나'라고 부른다)를 식민지처럼 지배한 것으로 여겨졌다. '임나'를 식민지화하고 아울러 백제와 신라를 속국(屬國)으로 삼아 한반도로부터 다양한 문화를 가져왔다는 역사상에서 말이다. 이것이 바로 '임나지배'론이다. 도요토미 히데요시(豊臣秀吉)에 의한 임진왜란 때 조선의 여러 도공(陶工)이 일본으로 끌려온 것과 비슷한 이미지이다.

이러한 역사 인식은 제2차 세계대전 이후, 일본 사회에 넓게 받아들여졌다. 그리고 대규모의 '조선 출병'이 가능했기에 야마토 조정은 이미 왜를 하나로 통합하였을 것이며 당연히 군사권과 외교권도 야마토 조정이 쥐고 있었고, 한반도로부터 가져온 문물과 기술자를 지방으로 배분한 것으로 인식되었다. 이러한 내용이 일본사 교과서와 역사책에도 반영되었다. 말하자면 '야마토 조정의 조선 출병·임나지배 → 한반도에서 획득한 문물과 기술자를 독점 → 야마토 조정이 지방으로 분배'라는 도식이다.

'임나지배'론의 근거가 된 사료는 크게 두 개가 있다. 하나는 『日本書紀』神功 섭정49년조인데 이 기사에는 369년 진구(神功)황후가 가라7국을 평정했다는 내용이 실려있다. 가라는 가야와 같은 의미이다. 다른 하나는 광개토왕비문이다. 고구려 광개토왕의 업적을 현창(顯彰)하는 내용 가운데 400년을 전후로 하여 왜가 신라, 백제를 속국으로 삼고 여러 번에 걸쳐 한반도로 침공하였는데, 이를 고구려가 격파하였다는 내용이 기록되어 있다.

그러나 1970년대 들어 '임나지배'론의 근거였던 두 사료는 철저하게 재검토되었다. 그 결과, 역사적 사실로 여겨진 '임나지배'가 가공의 사건이라는 것이 명확해졌다. 그 이유를 한 마디로 정리하면 사료는 기록 및 편찬한 사람 혹은 이를 명령한 사회의 정치적인 의도에 따라 실제 내용보다도 과장되거나 크게 개변되고 시기를 잘못 기록하거나 일부는 창작되기 때문이다. 현재, '야마토 조정에 의한 임나지배'를 역사적 사실로 받아들이는 연구자는 거의 없다.

지금까지 이어지는 '임나지배'론

그러나 이 '임나지배'론은 지금도 일본 사회에서 명맥을 계속 유지하고 있다. 얼마 전, 어느 서점에서 중고생이 자주 읽는 일본 역사 만화서를 훑어보았다. 책장을 훌훌 넘겨보았더니 4세기 조선 출병, 야마토정권이 지배한 가야, 6세기 야마토정권이 한반도의 일부를 안정적으로 지배하였다는 내용이 자세히 소개되어 있었다.

오해가 생기지 않도록 말해두지만, 이 만화는 중학생과 고교생이 일본역사에 흥미를 가질 수 있도록 꽤나 진지하게 그려진 것이다. 최신 연구 성과도 충분히 반영되어 있다. 그럼에도 불구하고 고분시대 한일관계에 관해서 만큼은 교과서에서도 자취를 감춘 '임나지배'론이 거의 그대로 답습되고 있다. 일반 사람들이

품는, 혹은 바라는 역사상과 연구자에 의한 성과에 큰 괴리가 있음을 알 수 있다.

극복해야 할 과제

고분시대가 시작될 즈음부터 왜왕권이 왜의 군사력과 외교권을 이미 완전히 장악한 것으로 보는 연구자의 견해도 뿌리깊다. 일본 고고학에서는 통설이라고 해도 좋을 것이다. 앞선 도식, '야마토 조정의 조선 출병·임나지배'의 부분을 '백제와 가야와의 군사적인 제휴와 출병'과 같이 약간만 변경한 뒤, 일본열도 각지의 수장들이 왜왕권의 외교와 군사 활동에 의존하여, 한반도로부터 선진 문화를 받아들였고 다양한 문물과 기술자를 왜왕권이 분배한 것으로 이해한다. 도식의 후반 '획득한 문물과 기술자를 독점 → 왜왕권이 지방으로 분배'라는 부분은 그대로 답습되고 있는 것이다.

그러나 필자는 역사를 위와 같이 인식하는 데 크게 3가지 과제가 있다고 생각한다. 이 과제를 가능한 한 극복하면서 새로운 관계사를 그려보고자 한다. 그 내용을 설명하면서 본서의 목적과 구상을 좀 더 구체적으로 살펴보자.

한반도에서 본 왜

우선 가장 근본적인 문제로 지금까지의 연구는 한반도의 관점이 결여되거나 그다지 고려되지 않았다.

고분시대와 병행하는 시기의 한반도는 북쪽에 고구려, 동쪽에 신라, 서쪽에 백제가 할거하는 삼국시대였다. 또 신라와 백제에

할거하는 다양한 사회

둘러싸인 남부에 가야로 총칭되는 금관가야, 대가야, 소가야, 아라가야 등 몇 개의 사회가 군립해 있었다. 이 외에 서남부의 영산강유역에도 독자적인 문화를 가진 사회가 존재했다.

이처럼 각 왕과 귀족을 중심으로 영역의 통합을 추진한 여러 사회의 관계는 마치 원교근공(遠交近攻)과도 같았다. 그 속에서 왜와 마찬가지로 서로 특색이 있는 고분이 축조되었다.

한반도에 할거하는 사회 가운데 주로 신라, 백제, 가야, 영산강유역 등 한반도 중남부에 위치하는 사회가 왜와 활발히 교섭을 거듭한 것은 지금까지 연구를 통해 밝혀졌다. 그러나 한반도의 각 사회가 왜 다양한 선진 문화와 관련된 물건, 사람, 정보를 왜(倭)로 전달하였는가, 그 목적은 무엇인가라는 물음에 대하여 왜의 입장으로만 그려진 관계사로는 답할 수가 없다. 여기에 연구의 맹점이 있다.

최근이라고 하더라도 벌써 15년 전이지만, 이 문제에 대한 비판이 이미 한국 측에서 제시된 적이 있다. 긴 문장이나 그대로 인용하여 소개하고자 한다.

'한반도 남부와 일본열도 사이에 서로 교환·이동된 유물을 해석한 대다수의 연구에서는 倭側의 要請이나 必要性만을 강조하여 왔다. 특히 倭-伽耶의 교역관계의 해석에서 두드러진 문제점이지만 伽耶側의 필요에 의해 물품이 교환된 것이 아니라 전적으로 왜지역이 필요해서 교역되었다고 해석해 왔던 것이다. 예컨대 4·5세기대의 왜계유물은 철원료를 수입하고 그 대가로 지불된 것이라고 해석해왔고, 같은 시기의 왜지역에서 발견되는 한반도제 유물의 경우 기술혁신을 위해 倭政權이 데려온 사람들이 남긴 것이라는 설명이 지배적인 것 같다.'(이성주 2002: 54).

한마디로 정리하면 지금까지 일본 학계가 제시한 한일관계사는 결국 왜의 입장에서 그려졌다는 비판이다. 이 비판은 진지하게 생각해 볼 필요가 있다. 선진 문화의 수용이라는 왜의 목적이 있는 것처럼 백제, 신라, 가야, 영산강유역에도 왜와 교섭하는 목적이 있었을 것이기 때문이다. 그 교섭의 목적이 무엇인지, 실제로 어떤 교섭이 이루어졌는가를 구체적으로 밝혀 나갈 필요가 있다. 그리고 각 사회에게 왜가 대체 어떠한 존재였는가에 대해서도 생각하지 않으면 안 된다. 이를 위해서는 바다 건너편에 있는 한반도에서 왜를 응시할 필요가 있다.

지역사회의 움직임과 교섭을 담당한 사람들

또 왜와 신라, 백제, 가야, 영산강유역에서는 말하자면 왕권에 의한 외교만이 아니라 각자에 속한 지역사회도 주체적으로 교섭을 하고 있었다. 그리고 실제로 이 교섭에 관련된 집단과 개인이 존재하고 있었다.

왜를 예로 들어보자. 왜가 한반도로부터 입수한 장신구와 무기, 마구 등은 일본열도의 각지에 분산되어 있으며 왜왕권의 본거지인 기나이에는 집중되지 않는다. 만약 기나이에 집중하고 있다면 왜왕권이 일괄적으로 입수해서 그것을 각지로 나누어 준 것으로, 즉 왜왕권이 한반도와의 외교를 장악한 것으로 볼 수 있으나 실제로는 그렇지 않다. 규슈, 세토우치, 동해(일본해) 연안, 주부(中部), 동일본 각지로 퍼져있다.

또 그 물건들이 만들어진 장소, 만드는 기술의 전통이 뿌리내린 지역, 만든 사람의 출신지―이것을 계보관계라고 한다―를 살펴봄으로써 한반도의 어느 사회와 교섭하였는가를 꼼꼼하게 검토해보면 지역마다, 그리고 시기마다 매우 다양하다.

따라서 왕권의 외교 외에도 지역사회가 주체가 된 교섭 활동도 활발히 이루어지고 있었다. 앞서 메기시마 마루야마고분을 소개한 것처럼 그 교섭을 실제로 담당하고 일본열도와 한반도를 왕래한 개인과 집단이 많이 있었던 것이다. 그 모습을 그려나갈 필요가 있다.

관계의 본질이란 무엇인가

마지막으로 신라, 백제, 가야, 영산강유역과 왜가 각자의 목적에 따라 끊임없이 교섭한 것이 당시 한일관계의 본질이었다. 본서에서는 '교섭'이라는 단어를 사용하고자 한다. 이는 사람, 물건, 정보를 둘러싼 교역과 사절의 파견, 때로는 무력의 행사 등을 통해 사회와 집단이 무언가의 이익을 얻을 수 있도록 상대측과 관계를 맺고자 하는 움직임을 의미한다.

최근 연구에서 『日本書紀』와 광개토왕비문에 기록된 왜의 군사 활동은 시기가 한정되며 가야와 백제의 요청과 승인이 필요하였다는 것이 분명해졌다. 결코, 왜의 일방적인 출병이 아니라 어디까지나 여러 교섭 가운데 하나의 장면에 지나지 않는다. 지배와 종속이라는 것과는 다른 차원이다.

따라서 이를 왜가 한반도로부터 문화를 받아들인 계기로 과도하게 평가할 수 없다. 지금부터 천천히 살펴보겠지만 한반도의 여러 사회는 한반도 정세를 자신에게 유리한 방향으로 유도하기 위한 하나의 방책으로서 왜와 유대관계를 맺고자 한 것이며 왜도 선진 문화를 안정적으로 수용하고자 하는 목적이 있었다. 때로는 극심한 대립과 갈등을 겪으면서도 양자 사이의 교섭에는 우호적인 관계의 확립이라고 하는 근본적인 목적이 있었던 것이다. 그리고 이를 달성하기 위한 끊임없는 교섭이야말로 당시 한일관계의 본질이었다. 이러한 입장에서 관계사를 그려나갈 필요가 있다.

대상 시기와 묘사하는 방법

본서에서는 이상과 같은 3가지 과제에 주목하면서 대략 3세기 후반~6세기 전반의 한일관계를 그리는 것을 목적으로 한다. 3세기 후반은 고분시대의 시작에 해당하며 신라, 백제, 가야, 영산강유역과 왜의 정치·경제적인 교섭이 활발히 전개되는 시기이다. 그리고 6세기 전반에는 신라, 백제, 왜의 왕권이 대외교섭을 장악하여 한일관계에서 왕권 간의 외교가 큰 비중을 점하게 된다. 이 300년 사이의 한일관계사를 그려보고자 한다. 또 그 전사(前史)로서 고분시대의 앞 시대, 야요이(彌生)시대 후반의 한일관계도 살펴볼 것이다.

관계사를 그려내는 방법은 당시 사람들이 남긴 유적과 유물을 다루는 고고학 방법론을 기초로 한다. 그리고 과거의 사건이 문자로 남은 사료를 다루는 고대사학의 성과도 많이 참조하도록 하겠다.

무대 – 환해지역으로서

한일관계사를 그리는 무대는 물론 일본열도와 한반도이다. 그러나 양 지역 사이에 뚜렷한 경계를 그어서는 생생한 묘사가 불가능하다. 한반도와 일본열도 사이의 바다를, 경계라기보다 사람들이 왕래한 장소로 인식하고 일본열도와 한반도를, 쓰시마(대한, 조선)해협과 동해, 황해, 현해탄, 세토나이카이, 나아가 태평양을 매개로 한 사람들이 활발하게 교류한 하나의 지역, 즉, '환해지역(環海地域)'으로 인식하고자 한다.

이 환해지역에는 고구려, 신라, 백제, 가야, 영산강유역, 그리고 왜라고 하는 다양한 사회가 성립되어 있었다. 각 사회는 왕권과 지역사회로 구성되어 있었다. 그리고 각자가 교섭의 거점이 되어 서로를 연결하는 네트워크가 구축되어 있었다. 무대는 이상과 같이 설정한다.

재료 — 이력서로서 고분

이 무대에서 한일관계사를 그려나가는 데 필요한 재료가 일본열도와 한반도에 축조된 고분이다. 다음과 같은 이유 때문이다.

지금도 그렇지만 무덤에는 묻힌 사람의 생전 활동과 지위가 반영된 경우가 많다. 한국과 일본의 고분은 특히 현저하다. 고분의 형태와 크기(분구), 고분의 외견을 장식하는 장치(역자주: 즙석—고분 분구의 표면에 돌을 쌓거나 펴서 붙인것. 분구의 보호와 장식이 목적인 것으로 생각된다—과 하니와—고분 분구와 그 주위에 세워진 토제품의 총칭—), 사자(死者)를 매장하는 시설(매장시설), 사자에게 바친 문물(부장품), 무덤이 축조된 장소, 주변 유적과의 관계 등에 매장된 사람의 생전 신분과 직업, 활동 내용 등이 반영되어 있다. 따라서 흔히 고분은 죽은 자의 '이력서'라고 한다.

예를 들어 거대한 고분에 묻힌 사람은 이를 축조할 노동력을 모을 수 있을 만큼 정치력과 경제력을 가졌으며 그 지역에서 활동한 유력한 수장이었을 가능성이 크다. 또 작은 고분임에도 불구하고 당시 선진기술이었던 철기 생산 도구가 풍부하게 부장되어 있으면 생산에 관여한 공인집단의 장(長)이 묻힌 것으로 생각할 수 있다. 주변에서 공방에 관련된 유적이 확인되면 가능성은 한층 커진다.

혹은 고분이 축조된 장소가 전망 좋은 바다 근처라면 묻힌 사람은 해상교역과 어로 등을 생업으로 한 것으로 예상할 수 있다. 부장품에 어로구와 교역을 통해 얻은 문물이 있다면 그 예상은 정확하다. 이처럼 고분은 묻힌 사람과 그것을 축조한 집단의 이력을 이해할 수 있는 절호의 재료이다.

특히 본서에서는, 한반도에서 자주 확인되는 부장품이나 매장시설을 갖춘 일본열도의 고분에 주목하고자 한다. 예를 들어 분구와 매장시설이 한반도의 영향을 강하게 받았거나 한반도에서 반입된 부장품이 포함된, 그런 고분에 말이다. 나아가 분구, 매장시설, 부장품 등 모든 요소가 한반도의 강한 영향을 받은 사례도 있다.

이런 고분에 묻힌 사람과 이를 만든 집단은 어떠한 형태로든지 한반도와 연결되어 있었기 때문에 한반도로부터 입수한 문물을 무덤 속에 부장할 수 있었다. 또 매장시설을 축조할 때, 한반도에서 도래하여 그 땅에 정착한 사람들(도래인)의 협력을 얻을 수 있었다. 혹은 그 고분이 도래인의 무덤일 가능성이 큰 사례도 있다. 모두(冒頭)에서 소개한 메기시마 마루야마고분도 그중 하나다.

반대로 한반도에도 왜의 영향을 강하게 받은 무덤이 적지 않게 확인된다. 이를 '왜계고분'이라 부르는데 고분을 축조할 당시에는 왜와의 유대가 필요했다. 물론 왜계고분에도 주목한다.

이렇게 고분에 부장된 사람의 이력을 구체적으로 해명함으로써 풍부한 관계사를 그릴 수 있을 것이다. 덧붙여 본서에서는 야요이시대에 일본열도에서 한반도로 건너간 것으로 생각되는 사람을 '야요이인', 고분시대에 왜에서 한반도로 건너간 것으로 생각되는 사람을 '왜인'이라 부르기로 한다.

복안적인 관점

묘사하는 관점은 왜 중심의 관점에 의한 관계사를 극복하는 것이어야 한다. 이를 위해 신라, 백제, 가야(금관가야, 대가야), 영산강유역, 그리고 왜 각자의 관점을 섞은 것처럼, 말하자면 복안적인 관점에서 관계사를 그리고자 한다.

또 그 왕권에 속한 지역사회의 입장도 고려하기 위해, 특히 활발하게 교섭한 신라의 동래(부산)지역, 왜의 북부 규슈지역과 세토나이카이지역을 대상으로 그 움직임을 서술한다. 나아가 메기시마 마루야마고분에 묻힌 사람과 그 고분을 조영한 집단처럼 일본열도와 한반도를 왕래하면서 당시 교섭을 실제적으로 담당한 사람과 집단의 모습도 그(그녀)들이 남긴 고분과 취락을 소개하면서 부각하도록 한다.

구상의 의의

이상 한일관계사를 새롭게 그리기 위한 구상—과제, 대상으로 하는 시기, 방법, 무대, 재료, 관점—을 서술했다. 다시 정리하면 다음과 같다.

3세기 후반~6세기 전반 일본열도와 한반도를 바다와 이를 둘러싼 육지가 일체가 된 환해지역으로 파악한다. 그 공간 가운데 취락과 고분, 사료에 남은 사람과 물건, 정보의 움직임에 주목하고 환해지역에 성립된 여러 사회(왜, 신라, 백제, 가야, 영산강유역)의 다양한 교섭 모습을 그려나간다. 이때 각 사회의 왕권과 지역, 집단, 개인의 관계도 포함시킨다.

이렇게 구상함으로써 종래 왜만을 주역으로 한 정적이고 일방향적인 역사상을 쇄신하고, 신라, 백제, 가야, 영산강유역, 그리고 왜가 다이나믹하게 연동하고 끊임없이 교역하는 새로운 한일관계사를 그려낼 수 있을 것이다. 본서가 의미있는 책이 될지 아닐지는 이 구상을 실현할 수 있는가 없는가에 달려 있다.

이로써 드디어 본론에 들어갈 수 있도록 준비를 마쳤다.

본서의 이해를 위해 — 스케치의 제시

본론에서는 제1장에서 야요이시대 후반~4세기, 제2장에서는 5세기 전반, 제3장에서는 5세기 후반~6세기 전반의 한일관계사를 그려간다. 또 제4장에서는 약간 관점을 바꾸어 6세기 전반 영산강유역에 분포하는 전방후원분에 초점을 맞추고 이것이 축조된 역사적 배경을 탐색한다. 여기에 한반도에서 본 왜의 모습이 응축되어 있으리라 생각하기 때문이다.

본론을 들어가기에 앞서 한 가지 걱정이 있다. 그것은 본론의 내용이 우여곡절을 겪지 않을까 하는 것이다. 한일관계사를 복안적인 관점에서 그리기 위해서는 장면과 시점이 연속적으로 변하기 때문에 시간의 흐름에 따른 이해가 어렵게 될 위험이 있다. 그만큼 당시 관계가 다양하였다고 결론지을 수도 있으나 여러 독자가 이해하지 못하는 이상, 본서를 집필한 의미 자체가 없어져 버리고 만다.

 따라서 우선 필자가 그리는 한일관계사의 스케치를 제시해둔
다. 만약 본론을 읽는 도중에 안개 속에서 길을 헤매는 것과 같은
느낌이 든다면, 아래의 스케치를 참고해주셨으면 한다. 물론 바
로 본론을 읽어도 상관없다.

야요이시대 후반 (제1장 1절)

야요이시대 후반이 되면 일본열도와 한반도의 교역이 본격화된
다. 당시 북부 규슈와 한반도 남부의 교역은 한반도, 일본열도의
연안과 섬에 살면서 어로를 생업으로 하며 뛰어난 항해기술을 지
닌 사람들(海民)을 통해 이루어지고 있었다. 북부 규슈의 유력자
는 해민의 취락(海村)을 연결하는 그물코와 같은 네트워크(해촌 네
트워크)를 이용하여 청동기와 철의 입수에 애썼다. 이처럼 활발한
교역을 배경으로 한반도 남부와 북부 규슈에는 여러 소국(クニ)이
성립되어 있었다.

 그 후 점차 김해(낙동강 하구)와 북부 규슈를 잇는 간선로가 낙
동강 하류역의 구야국과 북부 규슈의 나(奴)국, 이토(伊都)국에 의
해 정비된다. 이 루트는 일본열도 각지의 바다와 하천, 육로를 연
결하여 교역의 범위는 서일본의 내륙로, 나아가 동일본까지 확대
되어 갔다.

3세기 후반 (제1장 2절)

이 해촌 네트워크와 김해-북부 규슈라는 간선로를 양축으로 가

장 활발한 교역이 이루어진 시기가 3세기 후반이었다. 낙동강 하구와 하카타(博多)만에 대규모 항구가 정비되어 국제적인 교역의 거점으로 기능한다. 항구 운영과 항해 진로 안내 등의 업무는 일찍부터 항구에 생활 기반을 둔 해민집단이 담당했다. 하카타만 연안의 항구에는 서일본 각지에서 선진적인 물자와 기술을 원하는 사람들이 많이 모였고 낙동강 하구의 항구에도 한반도 각지에서 사람들이 찾아 왔다. 이러한 사람들의 경제적인 필요성이 항구의 대규모화를 뒷받침했다.

3세기 후반, 기나이지역에 왜왕권이 성립한다. 철과 같은 필수물자와 선진 문화의 안정적인 수용을 지향한 왜왕권은 금관국(구야국)을 중요한 파트너로 삼고 직접 교섭을 시도한다. 철생산과 해상교역을 통해 성장한 금관가야의 맹주, 금관국에게도 왜왕권과 유대관계를 유지하는 것은 크나큰 이점이 있었다.

4세기 전반 (제1장 3절)

4세기가 되면 왜왕권과 금관국의 직접적인 교섭이 본격화되어, 기나이에서 하카타만을 거치지 않고 직접 김해로 향하는 오키노시마(沖ノ島)루트가 정비된다. 이로 인해 하타카만 연안의 항구는 급속하게 쇠퇴하는데 그렇다고 해서 북부 규슈의 대외활동 자체가 쇠퇴한 것은 아니었다. 현해탄 연안에 다른 교역 거점이 형성되어 북부 규슈는 오히려 왜왕권으로부터 독립된 독자의 교섭 활동을 강화해갔다.

4세기 후반 (제1장 3·4절)

4세기 후반에는 한반도 북부의 고구려가 한반도 중남부로 진출을 꾀한다. 이를 계기로 백제는 왜왕권에게 접근하고 금관가야를 매개로 백제와 왜왕권 사이에 정식적인 통교가 시작된다. 이렇게 해서 고구려의 남하 정책을 대비하기 위한 왜왕권-금관가야-백제의 동맹이 수립된다. 한편 신라는 고구려에 종속되어 성장을 모색했다. 다만 신라는 왜와도 나름의 교섭을 한 것 같은데 그 증거는 왜로부터 전해진 문물이 부장된 경주의 고분이다. 왕권 간의 외교가 다극화되어 감에 따라 해촌 네트워크의 연계도 한층 강화되었으며, 다양하고 새로운 정보와 기술, 도구가 일본열도 각지에 반입된다.

5세기 전반 (제2장)

4세기 말에서 5세기 전반, 드디어 고구려가 한반도 남부로 진출을 본격화한다. 이로 인해, 왜의 주요 교역 상대였던 금관국은 큰 타격을 받고 쇠퇴한다. 한편 고구려에게 종속된 신라, 고구려의 남하에 대비하는 백제, 그리고 금관국의 쇠퇴와 거의 동시에 대두한 대가야가 왜와 교섭을 본격화한다.

신라와 왜의 교섭을 중개한 곳이, 일찍부터 왜와 이어진 낙동강 하류역의 동래(부산)였다. 신라왕권은 동래지역을 통합하고자 했으나 동래의 유력자들은 주체적인 대외활동을 통해 자신의 정치적인 지위를 유지하고자 했다.

왜에서도 왕권의 외교만이 아니라 한반도에서 안정적으로 선진 문화를 수용하고자 하는 지역사회에 의한 교섭 활동도 활발히 이루어졌다. 특히 그 움직임이 두드러진 곳이 북부 규슈와 세토우치(기비, 吉備)였다. 교섭의 형태는 크게 두 가지로, 독자적인 교섭을 전개하는 경우와 왜왕권의 외교에 참가하는 경우로 나눌 수 있다.

5세기 후반 (제3장)

5세기 후반이 되면 신라가 고구려의 영향에서 벗어나고자 한다. 그리고 고구려에게 대항하기 위한 목적으로 백제, 대가야와 보조를 맞추며 왜와 교섭한다. 이러한 가운데 동래와 한반도 서남부의 영산강유역 사회도 주체적인 교섭을 거듭하고 있었다.

왜왕권의 입장에서 보면 당시 한반도 정세는 상당히 불안정했다. 5세기대에는 주로 왜왕권과 북부 규슈, 기비 등의 지역사회가 '오월동주'와 같은 관계 속에서 한반도와 교섭하였다. 그러나 한반도의 정세가 점점 긴박해져 감에 따라 이러한 형태만으로 안정된 외교를 전개해 나가기는 어려웠다. 따라서 왜왕권은 지역사회가 가진, 한반도와의 다양한 루트를 장악하고자 한다.

왜왕권이 경시할 수 없는 지역사회가 북부 규슈와 기비였다. 그래서 왜왕권은 우선 기비의 중심세력을 진압하고자 했다. 기비 주변에 있는 해상, 하천교통에 능통한 집단 가운데 왜왕권의 움직임에 호응한 집단은 해상교통을 포함한 기득권이 보장되었다.

6세기 전반이 되면 신라가 가야를 공격하게 되고 532년에는 금관 가야가 멸망한다. 이에 따라 신라, 백제, 대가야의 대립이 표면화 되고 고구려에 대항하기 위한 삼자의 협조 관계는 붕괴된다.

이러한 정세 가운데 서로가 국제적인 고립을 회피하기 위해 왜와 제휴를 모색했다. 백제는 왜와 밀접한 관계를 유지하고 왜 에 대한 군사적 지원을 요구하는 경우도 있었던 것 같다. 그리고 그 보답으로 선진 기술자를 왜로 파견했다. 그 후에도 백제는 신 라의 가야 진출을 막기 위해 왜와의 제휴를 중요시했다.

백제는 대가야권의 일부인 섬진강유역을 영유하고자 하는데, 이를 왜가 지지함에 따라 대가야와 왜의 관계는 일시적으로 소원 하게 된 것 같다. 다만 대가야는 고립을 피하기 위해 왜와 관계를 개선해야 했다. 이 시기 대가야 권역에는 왜계고분이 활발히 축 조되었다. 그 피장자는 왜로부터 건너온 도래인 혹은 왜와 깊은 관계가 있는 사람이었다. 그러나 대가야는 562년에 신라에게 병 합되었다.

신라는 자신들이 가야로 진출하는 데 방해가 되지 않도록 왜 와 너무 깊지도, 얕지도 않은 어중간한 관계를 유지했다. 그러나 가야진출을 본격화하면서 북부 규슈의 대수장 이와이(磐井)에게 사신을 보내 왜왕권이 가야를 구원하지 못하도록 의뢰한다. 신라 의 움직임이 '이와이의 난'의 직접적인 계기가 되었다. 다만 왜왕 권과 결정적인 대립은 피한 것 같으며 대가야를 병합하기 직전인 560년을 기점으로 왜왕권에게 다양한 문물을 제공하여 접근했다.

그리고 이 시기, 왜와 교섭을 활발히 시도한 지역이 한반도 서남부의 영산강유역이다. 백제로부터 압박을 받고 있었던 이 시기, 영산강유역 사회는 십수 기의 전방후원분을 축조하고 왜와 관련 있다는 것을 백제에게 어필함으로 사회의 독자성을 유지하고자 했다.

점점 긴박해지는 한반도 정세에 대응해야 하는 왜왕권은 서둘러 외교권을 장악하고자 했다. '이와이의 난'은 이를 상징하는 사건이었다. 이 항쟁이 왜왕권의 승리로 끝나면서 왜의 외교권은 일단 왜왕권에게 집약되었다. 한편 한반도에서도 6세기 중엽까지 신라와 백제, 두 왕권이 독자적인 교섭을 거듭했던 동래와 영산강유역을 통합하고 외교권을 완전히 장악했다. 이후의 한일관계는 왕권 간의 외교가 큰 비중을 점하게 된다.

이상과 같이 3세기 후반부터 6세기 전반에 걸쳐, 왜와 한반도 (신라, 백제, 가야, 영산강유역)에서는 각 사회의 목적에 따라 실로 다양하고 복잡한 교섭이 전개되었다. 그 관계는 마치 바다를 사이에 둔 '맞거울질'과 같은 것이었다.

::

인용 · 참고문헌

한국어

이성주, 2002, 「남해안지역에서 출토된 왜계유물」, 『고대 동아세아와 삼한 · 삼국의 교섭』, 복천박물관.

일본어

森井 正, 1966, 「高松市女木島丸山古墳」, 『香川県文化財調査報告』, 香川県教育委員会.

한반도에서
바라본

海の向こうから見た倭国

고대일본

제1장

한과 왜의 관계
야요이시대 후반~4세기

본격적인 교섭 – 야요이시대 후반

『三國志』에 보이는 3세기의 유대

중국의 역사서인『三國志』의『魏志』東夷傳 韓條에는 3세기 한반
도 중남부에 다수의 소국이 군립한 것으로 기록되어 있다. 서남
에는 마한 50여 국, 동남에는 변한과 진한 각 12국이 있었다. 진
한 12국 가운데 사로국이라는 소국이 있었다. 경주를 본거지로
두었는데 이것이 세력을 넓혀 후일 신라의 중심이 되었다. 또 변
한 12국 중에는 구야국이 있는데 구야국은 현재 김해에 있었다.
나중에 금관가야의 중심이 되는 금관국의 전신이다.

구야국이 위치한 김해는 현재도 김해국제공항이 있는 곳으로
알려져 있다. 한반도의 동남단에 위치하며 일본열도에서 바다를
건너 한반도까지 도달하는 데 최초의 도착지였다. 물론 반대로
한반도에서 일본열도로 건너가는 출발지이기도 했다.

실제로『魏志』倭人傳을 보면 한반도 북부의 대방군을 출발하
여 서남해안을 따라 남하하여 구야국에서 바다를 건너는 항로가
기록되어 있다. 쓰시마(対馬), 이키(壱岐), 그리고 북부 규슈까지
이르는 바닷길은 일찍부터 이용되고 있었다.

『魏志』倭人傳에는 변한에 관한 다음과 같은 기록이 있다.

國出鐵, 韓, 濊, 倭皆從取之. 諸市買皆用鐵, 如中國用錢, 又以供
給二郡.

(弁辰) 나라에서는 鐵이 생산되는데, 韓·濊·倭人들이 모두 와서

사 간다. 시장의 모든 매매는 鐵로 이루어져서 마치 中國에서 돈을 쓰는 것과 같으며, 또 두 郡(낙랑, 대방)에도 공급하였다.

이를 보면 변한에서는 철이 생산되었고 이를 입수하기 위해 한(韓), 예(濊, 한반도 동북부를 중심으로 존재한 종족)와 함께 왜에서 사람들이 찾아온 것을 알 수 있다. 또 변한에서는 철을 두 군(낙랑군과 대방군)에 공급하고 있었다. 참고로 낙랑군, 대방군이란 고대 중국이 한반도 북부를 통합하고자 파견한 정부 기관을 말한다.

중국의 화폐처럼 사용된 '철'이란 철 도구로 가공할 수 있도록 판 모양의 것과 봉상의 것, 혹은 철괴였던 것 같다. 이러한 철을 매개로 낙랑군과 대방군-변한-왜를 잇는 루트를 이용한 사람들의 유대(관계)가 존재했다. 이 유대는 『魏志』倭人傳의 쓰시마에 관한 기록에서도 알 수 있다.

有千餘戶, 無良田, 食海物自活, 乘船南北市糴.
천여 호가 있는데 좋은 밭은 없고 바다에서 나는 것을 먹으며 배를 타고 남북 시장에서 식량을 구입한다.

또 이키국(一支国, 현재의 이키)에 대해서도 다음과 같이 기록되어 있다.

有三千許家, 差有田地, 耕田猶不足食, 亦南北市糴.
삼천 가 정도가 있으며 전지(田地)가 있어 경작하는 것이 (대마국

한(韓)과 왜(倭)의 관계

과) 다르나 식량이 부족해 역시 남북으로 쌀을 사들인다.

'南北市糴'이란 남(북부 규슈)과 북(한반도)을 왕래하며 교역한
다는 의미이다. 이처럼 사료를 통해 3세기에는 변한이 위치한 한
반도 동남부와 왜가 활발히 교섭한 것을 엿볼 수 있다.

철을 찾는 야요이인(彌生人)

이처럼 철을 둘러싼 한과 왜의 유대관계는 3세기에 시작된 것이
아니다. 이보다 훨씬 이전인 야요이시대 중엽부터 이루어졌다. 한
반도에서는 초기철기시대에 해당한다. 선학의 연구(村上 1998; 井
上 2014; 藤尾 2015 등)를 참고로 하면서 그 개요를 소개하고자 한다.

일찍부터 청동제 도구와 그 원료를 찾아 한반도 남부로 건너간 야요이인의 모습이 상정되었다. 더욱이 1990년대 이후 연구가 진전되면서 야요이인은 한반도 남부에서 청동만이 아니라 철제 도구와 그 재료도 입수하고자 한 것으로 생각된다.

이를 실제로 나타내는 몇 개의 유적이 확인된다. 그중 하나로 동래 내성유적이 있다. 동래는 지금 부산에 속하는데, 낙동강을 사이에 두고 그 대안(對岸)이 김해이다. 내성유적에서는 2동의 주거지가 확인되었다. 1호 주거지에는 노(爐)가 있고 그 주위에서 철기를 만들 때 생기는 불순물(철재)과 철괴, 철편 등이 출토되었다. 철기를 만드는 공방(단야공방)인데 흥미로운 것은 여기서 출토된 토기 대부분이 일본열도의 야요이토기, 그리고 이를 모방하여 현지에서 제작된 토기라는 것이다. 이러한 토기를 야요이계 토기라고 한다. 이 토기를 자세히 살펴보면 북부 규슈에서 보이는 호와 옹이 대부분이었다. 가까운 2호 주거지에서도 야요이계 토기가 출토되었다.

공방에서 사용한 토기가 야요이계 토기라는 것은 그곳에서 철기를 만들었던 사람들 가운데 북부 규슈에서 건너온 야요이인이 포함되었을 가능성이 큰 것을 말한다. 그(그녀)들은 내성유적에서 철기를 제작하는 데 참가하면서 이를 입수하고자 했을 것이다.

또 사천 늑도유적에서도 다량의 야요이계 토기가 출토되었다. 늑도는 한반도 남부의 다도해 중앙에 있는 작은 섬으로 남해안 연안항로의 요충이다. 섬 전체에 걸쳐 쓰레기장(패총)과 주거지, 수혈과 무덤 등이 확인되었다.

동래 내성유적의 주거지(위)와 사천 늑도유적(아래) (부산박물관 · 부산대학
교박물관)

늑도유적에서도 많은 토기가 출토되었는데 그 가운데 10% 정
도가 야요이계 토기였다. 야요이시대 전기 말부터 후엽까지 수백
년에 걸쳐 야요이토기가 섬에 반입되거나 이를 모방해 현지에서

사천 늑도유적 출토 야요이
계 토기(동아대학교석당박
물관)

제작된 것이 밝혀졌다. 동래유적
과 마찬가지로 북부 규슈의 토기
가 중심이다.

늑도유적에서도 철기를 만들
기 위한 노가 다수 확인되었다.
또 파손된 노벽과 철재, 철편, 단
조박편, 지석 등도 출토되었다.
단조박편이란 철을 단조하여 제
품을 만들 때 사방으로 튀는 얇은
철편을 말한다. 이로 보아 현지에
서 철기가 제작된 것을 알 수 있
다. 아마도 교역품이었을 것이다. 그리고 중국 전한의 화폐, 낙랑
군에서 자주 확인되는 토기편과 청동촉 등 낙랑군과의 교역을 나
타내는 물건들도 출토되었다.

이처럼 연안 해안의 요충지라는 지세의 이점을 살린 늑도유
적은 낙랑군, 북부 규슈와 교역한 사람들이 지낸 거점이었다. 알
기 쉽게 항구도시(港市)라고 해도 좋을 것이다. 이러한 항구도시
를 이용하여 야요이인은 철을 찾아 해협을 왕래하고 때로는 이
곳에서 체류하기도 했다(이창희 2011; 井上 2014 등).

철을 찾으로 온 야요이인의 활동은 한반도 연안에만 한정된
것이 아니었다. 내륙에 위치한 철광석 채굴 유적에서도 야요이인
의 흔적을 엿볼 수 있다. 울산 달천유적이다. 이 일대는 1993년까
지 달천 철광산(달천 철장)이었다.

달천유적에서는 초기철기시대의 주거지, 수혈, 해자, 목책 등이 확인되었다. 주로 현지 토기가 출토되나, 철광석의 채굴장에서 북부 규슈의 야요이계 토기가 확인되었다. 이외에도 낙랑계 토기와 철광석 등이 출토되었다. 아마 야요이인들은 여기서 생산된

울산 달천유적의 철광석 채굴흔적(위)과 출토된 철광석(아래) (울산문화재연구원)

철기를 입수하고자 광산까지 찾아왔을 것이다.

교역과 소국(クニ)

위에서 소개한 한반도 남부 출토 야요이계 토기는 야요이시대 중엽에 북부 규슈에서 출토된 토기이다. 이 토기가 제작된 시기에 대해서는 크게 기원전 4세기~기원후 1세기 전반으로 보는 견해와 기원전 2세기 중엽~기원후 1세기 전반으로 보는 견해가 있다. 아직 결론이 난 것은 아니지만 이즈음에는 야요이인이 활발히 바

다를 건넌 것이다.

또 한반도에서 야요이계 토기의 분포를 보면 남해안의 동쪽 몇 곳에 집중되는 것을 알 수 있다. 늑도유적과 그 주변, 부산·김해, 그리고 울산 등이다. 이 지역의 연안에 교역을 위한 거점이 있었다. 이와 별도로 한반도 서남부에서도 소수이기는 하나 야요이계 토기가 출토되고 있으므로 남해안의 서쪽에도 야요이인이 왕래했던 거점이 있었을 가능성이 있다. 이러한 거점을 잇는 네트워크가 형성되고 그것이 남쪽의 북부 규슈와 북쪽의 낙랑군까지 연결된 것이다.

그리고 이 네트워크를 이용하여 한반도 남부에서 북부 규슈로도 많은 사람이 건너와 있었다. 북부 규슈 각지의 유적에서 출토된 한반도계 토기를 통해 그 존재를 알 수 있는데 역시 교역의 거점이 점재(點在)하였던 것 같다. 그 모습은 한반도 남해안-북부 규슈의 항로 연안의 이키섬에 있는 나가사키(長崎)현 하루노쓰지(原の辻)유적을 통해 명확히 알 수 있다. 하루노쓰지유적에서는 이 무렵 선착장이 만들어지고 구릉에 대규모의 취락이 형성되었다. 늑도유적과 마찬가지로 중국 전한의 화폐, 낙랑계 토기와 청동촉도 출토되어 북부 규슈에서 온 야요이인과 한반도에서 건너온 사람들의 교역이 활발했던 것을 알 수 있다. 하루노쓰지유적은 그 규모로 보아 항구도시라기보다 교역을 위한 기지라고 표현하는 것이 어울린다.

이상과 같이 북부 규슈와 한반도 남부의 각지에 점재한 거점을 서로 잇는 네트워크를 활용하여 양 지역의 사람들은 왕래하고 교역하고 있었다. 말 그대로 '南北市糴^{남 북 시 적}'이다. 그 활동은 양 지역에 머무르는 것이 아니라 늦어도 기원전 108년에 중국 전한에 의해 낙랑군이 설치된 후에는 중국(낙랑군)-한반도 남부-북부 규슈, 그리고 서일본까지 이어졌다.

이러한 활발한 교역 활동을 배경으로 한반도 남부와 북부 규슈에 많은 소국(クニ)이 성립하게 된다. 기원전 1세기 즈음의 일들을 기록한 중국의 역사서 『漢書』地理志에 다음과 같은 저명한 기록이 있다.

樂浪海中有倭人, 分為百餘國, 以歲時來獻見云.
낙랑 바다 가운데 왜인들이 살고 있는데 백여 국(國)이 된다. 이
들은 정기적으로 와서 물건을 바치고 뵙는다고 한다.

이 기록으로 보아 늦어도 기원전 1세기에는 일본열도에서 생활한 사람들이 '왜인'이라 불린 것을 알 수 있다.

늑도유적의 쇠퇴와 구야국

그러나 기원후 1세기에 들어서면 그때까지 중요한 교역 거점이었던 늑도유적이 쇠퇴하고 2세기에는 그 역할도 끝난다. 이 쇠퇴와 연동하여 다음과 같은 변화가 있었다.

① 쇠퇴해 갈 즈음, 늑도유적에서는 북부 규슈 이외에도 중부 규슈와 세토우치, 산인(山陰) 등 서일본 각지의 토기가 출

토된다.

② 한반도에서 야요이계 토기의 출토량이 감소한다. 다만 출토 유적의 범위가 줄어드는 것이 아니며 그 중심은 여전히 동남해안이다. 그리고 새롭게 야요이계 토기가 출토되는 유적도 확인할 수 있다.

③ 이키섬의 하루노쓰지유적은 늑도유적의 쇠퇴와 대조적으로 번성기였다. 그리고 쓰시마도 교역의 거점으로 기능했다.

④ 진한과 변한의 유력자 무덤에 북부 규슈의 청동기가 부장된다. 기원후 1세기 후반이 되면 특히 변한의 중심인 김해에 집중적으로 분포한다.

⑤ 낙랑군에서 반입된 문물도 기원후 1세기 후반에는 김해에 집중된다.

늑도유적의 쇠퇴와 거의 동시에 일어난 ①~⑤로 보아 당시까지 교역의 형태와 루트에 큰 변화가 있었음을 알 수 있다. 그 배경의 하나로 변한 가운데 김해의 구야국이 교역의 중심지로 기능하기 시작한 것을 들 수 있다.

낙동강 하구에 위치한 김해는 지금은 넓은 평야가 펼쳐져 있으나 예전 이 일대는 '고 김해만'이라 불리는 만(灣)이었다. 이 만 일대가 새로운 항구로 정비된 것 같다. 이를 증명하듯이 고 김해만 서쪽의 양동리유적 일대에서 북부 규슈와 낙랑군과의 교섭을 통해 입수한 문물이 많이 확인된다(④·⑤). 이 유적은 3세기 전반까지 구야국에서 가장 유력한 집단의 묘지였다.

또 북부 규슈에서도 유력한 나(奴)국과 이토(伊都)국이 이키와 쓰시마의 교역기지를 제어하여 낙랑군과 한반도의 교역을 주도하게 되었다(③). 이처럼 낙랑군-김해-북부 규

양동리유적의 무덤 (162호묘, 동의대학교박물관)

슈를 잇는 루트가 구야국과 나국, 이토국 등 유력한 소국들에 의해 정비되어 갔다. 이로 인해, 김해-북부 규슈루트에서 벗어난 곳에 있는 늑도유적은 점차 쇠퇴했을 것이다(井上 2014).

다만 김해-북부 규슈라고 하는 루트를 정비할 수 있었던 것은, 그 전의 네트워크가 존재했기 때문에 비로소 가능하였다는 것을 잊어서는 안 된다. 늑도유적이 쇠퇴할 즈음에도 여전히 야요이계 토기는 한반도 동남해안의 각지에서 출토되며 이 시기에 야요이계 토기를 새롭게 확인할 수 있는 유적도 적지 않다(②). 따라서 구야국은 교역의 중심이 되었으며 동남해안 각지의 거점을 잇는 네트워크는 역시 확산된 것이다.

'해촌' 네트워크

그럼 야요이시대 후반 한반도 남부와 북부 규슈를 잇는 네트워크란 어떠한 것인가? 당시 한일의 연안과 섬에는 '해촌(海村)'이 점

재해 있었다. 해촌에서는 많은 어로구가 출토되나 이삭을 베기 위한 수확구는 그다지 출토되지 않는다. 따라서 농경보다도 어로를 생업으로 한 것을 알 수 있다(武末 2009).

또 해촌 사람들은 뛰어난 항해기술을 지녔기 때문에 대외적인 교역도 생업 수단의 하나였다. 야요이시대 후반이 되면 각지의 해촌에서 낙랑토기와 중국 화폐가 눈에 띄게 출토되는 것도 이를 뒷받침한다. 해촌에 사는 사람들을 해민(海民)이라 부른다.

한반도 남부의 해민과 서일본 해민은 서로 왕래하면서 일상적으로 교역했다. 그 교역은 단순히 물건의 교환만이 아니며 중국 화폐가 사용되었을 가능성도 있다(武末 2009). 이러한 교역을 통해 여러 해촌 중 일부가 늑도유적처럼 항구도시로 발전하거나 혹은 하루노쓰지와 같이 새로운 교역을 위한 전선 기지로 정비되기도 했다. 해촌을 서로 잇는 그물코와 같은 네트워크를 해촌 네트워크라고 부르고자 한다.

아마 유력한 소국들이 한반도 남부와 북부 규슈를 잇는 해촌 네트워크를 제 것으로 삼으면서 김해-북부 규슈 루트가 정비되었을 것이다. 그리고 북부 규슈 사람들만이 아니라 서일본 각지의 사람들도 해촌 네트워크를 이용하여 한반도와 연결되었다. 그러므로 늑도유적에서 서일본 각지의 토기가 출토된 것이다.

이 네트워크가 일본열도 하구와 육로를 연결함으로써 교역 범위는 서일본의 내륙은 물론, 동일본까지 확산되어 갔다. 예를 들어 가나가와(神奈川)현 에비나(海老名)시의 가와라구치보우주(河原口坊中)유적에서는 길이 28.5cm의 장대한 판상철부가 출토되

나가노현 네쓰카(根塚)유적 출토 장검(기지마다이라촌교육위원회)

었다. 이것은 한반도 중남부에서 제작된 것으로 생각된다. 또 나가노(長野)현 기지마다이라(木島平)촌 네쓰카(根塚)유적의 목관묘에서 소용돌이 문양 장식이 있는 장검이 출토되었다. 이와 유사한 것이 구야국의 중심묘지(양동리유적)에서 출토되었으므로 구야국에서 전해졌을 가능성이 크다. 그리고 3세기 이후의 사례이기는 하나 나가노시 아사카와바타(浅川端)유적에서는 청동제 말을 모방한 대구(허리띠를 죄기 위한 금구)가 출토되었다. 이것은 한반도 중서부(마한)에서 반입되었을 것이다.

　이상과 같이 해촌 네트워크와 김해-북부 규슈 루트를 양축으로 일본열도와 한반도가 이어졌으며, 사람과 물건도 활발히 왕래하였다. 이러한 관계는 교역의 거점이 바뀌는 가운데도 3세기까지 유지되었으며 그 관계가 모두(冒頭)에서 살펴본 것처럼『三國志』에 기록된 것이다.

　그리고 일본열도에서 고분시대가 시작되는 3세기 후반이 되면 왜와 한의 관계는 더욱 다양해진다.

제2절 연동하는 교역항

국제적인 교역항 – 니시신마치유적

왜와 한의 교역이 활발하게 지속되는 가운데 고분시대인 3세기 후반이 되면 하카타만 연안에 국제적인 항구가 정비된다. 후쿠오카(福岡)시 니시신마치(西新町)유적이다. 하카타만에 접해 있어 항구로서는 최적의 입지조건이다. 원래는 하카타만 연안에 점재하는 여러 취락 가운데 하나에 지나지 않았지만 3세기 후반이 되면서 규모가 커지고 다양한 특징을 띠게 된다.

그 특징은 많은 주거지에 부뚜막이 설치되는 것, 다량의 한반도계 토기가 출토되는 것, 일본열도 각지로부터 많은 토기가 반입된 것이다. 이는 니시신마치유적이 대외교역의 일대 거점으로 변모한 증거이다(久住 2007). 이를 어떻게 알 수 있는가?

당시 왜의 주방·난방시설은 노였으며 부뚜막이 보급된 것은 5세기이다. 이와 달리 니시신마치유적에서는 수십 동의 주거지에 부뚜막이 설치되었다. 이는 주거지 내에 부뚜막을 설치하는 습관이 있던 사람들이 거주한 것을 나타낸다. 한반도에서 건너온 사람이 아니고서는 생각하기 어렵다.

이를 뒷받침하듯이 주거지에서 다량의 한반도계 토기가 출토되었다. 구체적으로 살펴보면 한반도 중서부에서 서남부(마한)의 토기와 동남부(변·진한)의 토기인데, 전체적으로 보면 전자가 많다. 또 취사를 위한 발과 시루도 꽤 출토되었다. 시루란 부뚜막에 걸쳐 사용하는 찜기를 말하는데 이 역시 5세기가 되어 일본열도

후쿠오카시 니시신마치유적 출토 한반도계 토기(규슈역사자료관)

에 보급된 새로운 조리기구이다.

이처럼 부뚜막과 한반도계 토기의 존재로 보아 니시신마치유적에 한반도 각지의 사람이 건너와 체류한 것을 알 수 있다. 그(그녀)들은 선진 문물과 기술을 가지고 있었다. 니시신마치유적에서 출토된 판상철부와 소형철기, 납판, 유리소옥의 거푸집 등이 이를 나타낸다. 아마도 그(그녀)들의 목적은 교역이었을 것이다.

그리고 긴키(近畿), 산인(山陰), 세토우치(瀨戸內) 등 서일본 각지의 토기가 출토되는 것으로 보아 니시신마치유적에는 일본열도 각지의 많은 사람도 모여 있었다. 그 목적은 한반도에서 온 문물과 기술의 입수였을 것으로 생각된다. 이 사람들이 교역을 위해 준비한 것은 그다지 알려져 있지 않다. 다만 『魏志』倭人傳에 왜가 중국의 위나라에 비취 등 옥류와 진주, 직물과 포, '生口(노예)' 등을 헌상한 것으로 기록되어 있다. 이런 것들이었을지 모른다. 또 항구 근처의 옥 제작 공방에서 생산된 벽옥과 수정제 옥류도 그 가운데 하나였을 가능성이 있다(久住 2007).

니시신마치유적은 틀림없이 한일 양 지역의 사람들이 활발하게 교역한 국제적인 항구였다. 이 시기 하카타만 연안을 둘러보면 대규모의 취락(히에(比惠), 나카(那珂)유적군), 단야공방(하카타유적군), 그리고 옥 제작 공방(우루우지토우큐우(閏地頭給)유적) 등이 형성되었다. 이 유적들이 연결되어 교역의 거점이 형성되었으며 그 가운데 니시신마치유적은 교역항으로서 기능하고 있었다.

니시신마치의 항구와 왜왕권

니시신마치의 교역항이 정비된 배경에는 왜왕권의 움직임도 있었다. 3세기 중엽을 즈음하여 야마토(大和)분지의 중남부에 성립된 왜왕권은 자신의 권위를 뒷받침해주는 중국 왕조와의 관계를 중요시하여 239년부터 266년에 걸쳐 중국 魏와 晉에 여러 차례 사신을 보냈다. 또 한반도로부터 철을 안정적으로 수용하는 것을 지향했다. 그래서 대외활동에 뛰어난 하카타만 연안의 수장들과 손을 잡은 것 같다.

그 증거 중 하나가 삼각연신수경(三角緣神獸鏡)이다. 이 거울에 대해서는 다양한 견해가 있으나 히미코(卑弥呼)가 중국의 위나라에 견사했을 때 위의 황제로부터 하사된 '동경백매(銅鏡百枚)'로 생각된다. 현재까지 560매 가까이 출토되었는데 중국의 위와 진으로부터 받은 것과 이를 모방하여 왜에서 제작한 것이 있다. 왜왕권은 '중국으로부터 수여된 문물'인 거울에 권위를 담아 일본열도 각지의 수장들에게 분배함으로써 일본열도 사회의 통합을 시도했다. 왜왕권은 거울을 분배함으로써 지역수장의 권위를 승인한 것이다.

그리고 하카타만 연안 부근의 전방후원분(예를 들어 나카하치만(那珂八幡)고분)에서 삼각연신수경이 출토되었으므로 니시신마치의 항구를 손에 넣은 지역수장과 왜왕권이 정치·경제적으로 밀접한 관계를 맺은 것을 알 수 있다. 또 이 일대에서 급속하게 기나이의 생활토기(후루(布留)계토기)가 확산되는 것으로 보아 기나이의 사람들도 활발히 찾아왔을 것이다.

더욱이 서일본 각지에도 교역 거점인 대규모의 취락이 점재하므로 하카타만을 기점으로 기나이까지 교역의 네트워크가 전개되었음을 알 수 있다.

니시신마치의 해민집단

이처럼 정비된 니시신마치 항구를 통해 왜왕권의 의도를 엿볼 수 있지만, 한편으로 니시신마치 항구를 일찍부터 생업의 장으로 삼고 있었던 현지 사람들도 있었다. 야요이시대 후반, 니시신마치 유적에는 이미 사람들이 살고 있었다. 유적에서는 수확구가 거의 확인되지 않는 반면, 어망추와 낚싯바늘 등 어로구가 많이 출토되었다. 이것은 해촌의 특징이다. 또 철부와 유리옥 등 한반도에서 입수한 문물들도 출토되므로 니시신마치 사람들은 해촌의 네트워크를 이용한 교역도 생업으로 하였음을 알 수 있다.

그리고 3세기 후반부터 국제적인 항구로 변모한 후에도 어망을 폐기한 주거지가 확인되며 문어를 잡는 항아리도 출토되었다.

주거지에 폐기된 어망추(규슈역사자료관)

따라서 니시신마치 항구에는 어로를 생업으로 하며, 항해기술에 능통하여 일본열도 각지와 한반도 남부를 연결한 해민 집단이 살고 있었다. 뛰어난 항해기술을 가진 그(그녀)들이 항구 운영과 항로 안내를 담당함으로써 비로소 니시신마치는 교역항으로 기능할 수 있었다.

이 해민 집단 장의 무덤(후지사키(藤崎)유적 32차 조사 1호묘)이 확인되었는데 부장품 가운데 한반도에서 입수한 소환두대도와 왜왕권과 유대관계를 나타내는 삼각연신수경이 함께 출토된 것은 시사하는 바가 크다.

고 김해만의 교역항

여기서 장면을 한반도로 옮겨보자. 니시신마치유적이 국제적인 항구로 기능한 3세기 후반, 이미 1세기부터 북부 규슈와 주로 교역한 금관국에서도 국제교역항을 정비했다. 그 유적 가운데 하나가 김해 관동리·신문리유적이다.

김해 관동리·신문리유적(사선으로 뻗은 도로변의 구릉 위가 신문리유적의 발굴현장. 그 반대편이 정비된 관동리유적. 복원된 선착장이 보인다) (동아세아문화재연구원)

관동리·신문리유적은 고 김해만 연안의 서쪽에 위치한다. 관동리는 항구 유적으로 짐을 풀기 위해 배를 대는 부두와 도로, 짐을 보관하는 창고, 우물 등이 발견되었다. 관동리유적을 내려볼 수 있는 구릉에 신문리유적이 있다. 관동리 항구를 운영했던 집단의 생활공간일 것이다.

신문리유적에서는 3세기 후반의 취락이 발견되었는데 이즈음에 관동리의 항구가 정비된 것 같다. 그리고 흥미롭게도 출토된 토기 가운데는 한반도 서남부(마한)의 토기와 하지키(土師器)계 토기가 포함되어 있었다.

하지키란 고분시대 일본열도에서 제작된 연질의 토기로, 하지키계 토기란 일본열도에서 반입된 하지키와 이를 모방하여 만든

김해 신문리유적 출토 하지키계토기 (동
아세아문화재연구원)

토기를 말한다. 신문
리유적의 하지키계 토
기는 3세기 후반부터
4세기 초에 만들어진
것으로 북부 규슈의
특징을 지닌 것과 산
인의 특징을 지닌 것
이 있었다.

따라서 신문리유적의 집단은 관동리 항구를 운영하여 북부 규
슈와 산인, 그리고 한반도 각지와 활발히 교역한 것으로 생각된다.

구야국에서 금관국, 그리고 금관가야로

관동리·신문리유적에서 약간 내륙으로 들어가면 고분군과 산성,
철과 관련된 공방이 분포한다. 유적들은 고 김해만 연안의 서부
에서 유기적으로 연결되어 있어 구야국의 대외적 거점 중 하나였
다. 또 고 김해만 연안의 거의 중앙에 구야국의 왕궁(봉황대유적)
과 왕족의 묘지(대성동고분군)가 위치한다. 주위에서 배의 부품이
출토된 것으로 보아 항구가 있었던 것 같다.

이처럼 늦어도 4세기에는 고 김해만 일대에서는 철 생산과 해
상교역이 일체화되어 운영되었으며 이를 관리한 것이 구야국이
었다. 이러한 경제적인 기반을 배경으로 구야국은 '금관국'으로
성장했다.

고 김해만 주변으로 눈을 돌려 보자. 4세기가 되면 서쪽의 진

금관국의 본거지(위)와 석동유적에서 본 진해만(아래)

해지역에도 진해만을 바라보는 취락이 조성되고 하지키계 토기도 출토된다(석장유적). 또, 그 서쪽의 마산만에 면한 창원지역에서도 하지키계 토기가 확인된다(성산패총). 또 고 김해만의 동쪽, 낙동강을 사이에 두고 김해의 대안에 해당하는 동래(부산)에도 왜인과 한반도 각지의 사람들이 교역한 항구(동래패총)가 있으며 근처에는 유력한 복천동고분군이 축조되었다. 동래는 변한 12국 가운데 독로국으로 생각되며 구야국과 비견할 정도로 유력한 세력이었던 것 같다.

이처럼 해상교통에 유리했던 한반도 동남부의 여러 지역에서는 '금관가야계 토기'라고 불리는 토기가 확인되며 이외에 매장시설과 부장품도 매우 공통적이다. 아마 금관국을 중심으로 서로 연계되었던 것 같다. 이 사회가 '금관가야'이다.

연동하는 교역항의 정비

지금까지 하카타만 연안과 고 김해만 연안에 있었던 국제적인 항구의 정비 모습을 살펴보았다. 하카타만 연안에서는 항구의 기능이 니시신마치유적에 집약되나 고 김해만 연안의 경우, 몇 개의 항구가 점재하면서 만 전체가 하나의 관문지처럼 기능했다. 이처럼 경관의 차이는 있으나 양자 모두 3세기 후반에 국제적인 교역항으로 정비된 점은 공통적이다.

항구가 정비된 직접적인 요인은 북부 규슈-김해 루트를 이용한 교역이 활발해지면서 서일본 각지와 한반도 서남부(마한)로부터 많은 사람이 왕래했기 때문일 것이다. 왕래한 사람들에 의해 반입된 토기는 항구와 이를 운영한 집단의 취락에서 많이 출토된다. 그만큼 해촌 네트워크가 넓게 형성되었으며 밀접하였다고 할 수 있다.

또 잊어서 안 되는 것이 니시신마치 항구에서 한반도 동남부의 토기보다 한반도 중서부 및 서남부(마한)의 토기가 많이 출토된다는 것이다. 그곳에서 건너온 사람이 니시신마치의 항구에 체류한 것은 확실하므로 앞으로는 역으로 마한지역에서 교역항이 확인되거나 바다를 건너간 왜인의 흔적이 발견될 것이다.

그리고 교역항이 정비된 또 하나의 배경으로 왜왕권과 금관국이 서로 중요한 파트너로 인정한 점을 들 수 있다. 왜왕권은 철 등 물자와 선진 문화를 안정적으로 수용할 필요가 있었으며 이

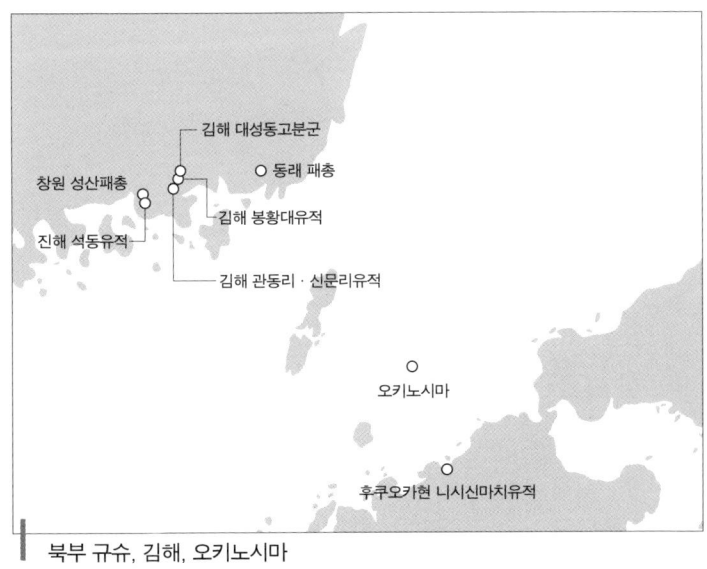

북부 규슈, 김해, 오키노시마

를 위해서는 금관국이 중요한 존재였다. 그래서 북부 규슈와 손을 잡고 금관국과 지속해서 관계를 유지하였으며 니시신마치 항구의 정비를 지원했다. 물론 일본열도 각지의 지역사회도 여기에 참가했다.

금관국에게도 철생산과 해상교역을 일체적으로 운영하며 성장하기 위해서는 당시까지 교역 상대이었던 북부 규슈 이외에 왜왕권과 관계를 유지하는 것에 큰 이점이 있었다.

이처럼 해촌 네트워크를 이용한 한일 간의 교역이 더욱 활발해지고 그런 가운데 왜왕권과 금관국이 서로 중요한 파트너로 인식하게 되면서 당시까지 교역의 중심이었던 북부 규슈와 김해에 국제적인 교역항이 정비되었던 것이다.

제3절 왕권 간 통교의 시작

왜왕권과 금관가야

국제적인 항구로 번성했던 니시신마치유적이었으나 4세기에 들어 급속하게 쇠퇴하기 시작하고 4세기 후반에는 소멸한다. 그리고 서일본 각지의 교역 거점이었던 취락도 쇠퇴하기 시작한다.

이와 연동하듯이 현해탄의 외딴 섬 오키노시마(沖ノ島)에서 해상교통의 안전을 기원하는 제사를 지내게 된다. 오키노시마에서는 야요이시대 후반의 한반도계 토기와 함께 서일본 각지의 토기도 출토되므로 한일 해민들이 기항지로 이용했을지도 모른다.

그러나 4세기가 되면 반복적으로 대규모 제사를 지내는 장소로 변화했다. 4세기 후반 대표적인 제사장이 오키노시마 17호 제사유구이다. 큰 바위 위에

오키노시마 전경(무나카타대사, 「神宿る島」무나카타·오키노시마와 관련유산군보존활용협의회)

서 제사를 지냈는데 옥, 차륜석(車輪石)과 석천(石釧)이라고 하는 석제 팔찌, 그리고 삼각연신수경을 비롯한 각종의 거울 등이 봉헌되었다.

오키노시마는 하카타만을 거치지 않고 기나이와 김해를 직접 잇는 루트 상에 위치한다. 그 때문에 북부 규슈를 거치지 않고 금관가야와 직접 교섭하고자 한 왜왕권이 항해 안전을 위해 중요시한 제사장이었을 것이다. 오키노시마17호 제사유적의 봉헌품과 비슷한 것이 기나이의 큰 고분에서 출토된 것은 이를 뒷받침한다.

한편, 한반도의 고 김해만 연안으로 눈을 돌리면 니시신마치 유적과는 대조적으로 4세기가 되어도 교역항이 더욱 번성한다. 그리고 금관가야 왕족의 묘지(대성동고분군)에 왜가 보낸 문물들이 새롭게 부장된다. 다양한 기물을 모방한 벽옥제품, 방패와 화살통에 장착하는 청동제의 장식(파형동기) 등이다.

이런 물건들은 정성스럽게 제작된 것으로 매우 귀중하다. 왜

에서는 민중이 입수할 수 없으며 각지의 수장 사이에서 교환되고 있었다. 그리고 그 중심에 왜왕권이 있었다. 수장들은 물건을 교환하거나 보유함으로써 서로 인정하거나 왜왕권과 정치적인 유대를 나타내곤 했다. 이같은 기능의 문물을 위세품이라 부른다. 본서에서도 이 용어를 종종 사용한다.

이처럼 정치색이 강한 문물을 금관가야의 왕족에게 보냈다는 것은 왜왕권이 그만큼 금관가야를 중요시하였다는 표현이다. 그리고 그것이 금관가야 왕족의 무덤에 부장된 것은 금관가야 측도 왜왕권의 의도를 받아들인 것을 나타낸다. 즉 왜왕권과 금관가야 사이에 직접적인 교섭이 본격화된 것이다.

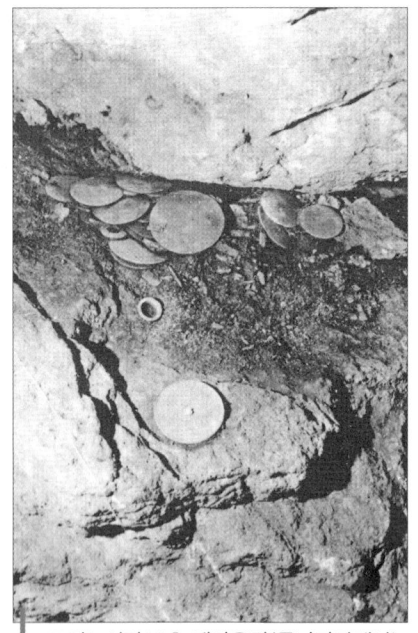
오키노시마17호 제사유적(무나카타대사)

통형동기의 수수께끼

실은 또 하나, 4세기 금관가야와 왜의 교섭을 나타내는 중요한 문물이 있다. 바로 통형동기이다. 통형동기란 철창과 철모의 손잡이 끝과 의장(儀仗)에 부착한 통 모양의 청동제품이다. 흔들면 소리가 울리도록 통 가운데에 작은 돌과 옥 등을 넣었다.

이 통형동기의 경우, 왜에서는 서일본을 중심으로 50기 정도의 고분에서, 금관가야에서는 부산과 김해를 중심으로 25기 정도의 고분에서 출토되었다. 통형동기가 왜에서 만들어졌는가 아니면 금관가야에서 만들어졌는가, 그리고 왜와 금관가야의 양쪽에서 출토되는 것의 의미는 무엇인가를 둘러싸고 오랫동안 논의가 지속되고 있다. 이를 간단히 소개하고자 한다.

당초 한반도에서 출토된 통형동기는 왜에서 제작된 것으로 생각되었다. 벽옥제품과 파형동기와 마찬가지로 왜가 금관가야로 전해준 것으로 여겨진 것이다(福永 2005 등). 이것이 통설이었다. 그러나 부산과 김해에서 출토 사례가 증가함에 따라 역으로 금관가야에서 제작되어(혹은 다른 지역에서 제작된 후 김해를 거쳐) 왜로 전해졌다는 설과 혹은 양쪽에서 제작되었다는 설이 제기되었다.

제작지 문제는 최근까지도 활발히 논의되고 있다. 각 견해에는 나름의 설득력이 있다. 그러나 통형동기를 실제로 만든 공방이 발견된 것은 아니다. 또 왜와 금관가야에서는 거의 비슷한 시기에 통형동기를 고분에 부장하기 시작한다. 이 때문에 결론을 내리기가 매우 어렵다. 필자도 입장을 보류해두고자 하는 것이 솔직한 심정이다. 다만 왜와 금관가야의 통형동기를 만드는 방법이 거의 같으므로 이를 전문으로 만든 공방이 한 곳이라고 한정할 수는 없으며, 한반도와 일본열도 내의 어딘가에 있었던 것은 분명하다.

또 왜와 금관가야에서 통형동기의 확산과 부장된 고분의 규

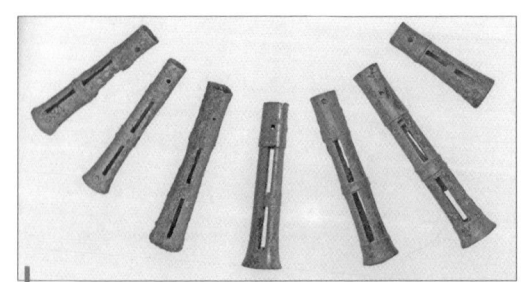

모, 그리고 부장품으로 취급되는 방식을 비교해보면 크게 두 가지의 차이가 확인된다(岩本 2006; 井上 2014 등).

금관가야에서 출토된 **통형동기**(복천박물관, 경성대학교박물관, 동의대학교박물관)

① 금관가야에서는 대부분 왕족과 수장들 고분에 한정되어 부장된다. 2, 3점씩 부장되는 것이 일반적이나, 많은 경우에는 10점 가까이 출토되기도 한다. 이에 반해 왜에서는 서일본의 넓은 범위에 걸쳐 점재한다. 대형의 전방후원분에서 작은 고분에 이르기까지 폭넓게 부장되었다. 또 1점만을 부장하는 사례가 많다. 따라서 한일에서 출토된 통형동기는 금관가야 왕족과 수장의 고분을 중심으로 분포한다고 평가할 수 있다.

② 금관가야에서는 대부분 무기와 의장(儀仗)의 손잡이에 부착하여 부장하였다. 이것이 원래의 사용방법이라 할 수 있다. 그러나 왜의 경우는 용기에 넣거나 직물로 싸서 보물처럼 부장되는 경우도 적지 않다.

이렇게 보면 금관가야의 통형동기는 왜로부터 받은 단순한 귀중품이 아니었던 것 같다. 그보다는 왕족과 수장만이 보유하였고 그들 사이에서 교환된 문물, 즉 금관가야에서는 위세품으로 기능하였을 가능성이 크다.

반대로 왜에서는 기나이지역에 약간 집중되나 서일본 각지, 세토우치와 동해 연안에는 점재한다. 이런 분포 상황은 왜왕권이 주로 교환하거나 보유한 삼각연신수경과 파형동기, 벽옥제품과 약간 다르다. 따라서 왜왕권이 통형동기를 모두 제작했다든가, 그 유통을 완전히 장악하였다고는 생각하기 어렵다. 오히려 서일본 각지의 여러 지역사회가 스스로 입수하는 경우도 많지 않았을까(岩本 2006).

따라서 현재, 필자는 통형동기를 금관가야의 위세품이며, 중요한 파트너임을 나타내는 증거로 왜에 보낸 것으로 추측한다.

그리고 이것이 서일본에 넓게 부장된 것은 세토우치와 동해 연안에 점재하는 지역사회가 주체적으로 한반도와 유대관계를 맺고자 했기 때문일 것이다. 이 추측이 과연 타당할지, 앞으로 공방의 발견이 기대된다. 어쨌든 왜와 금관가야의 직접 교섭을 나타내는 문물이라는 것은 틀림없다.

진식대금구를 둘러싸고

그리고 또 하나, 금관가야와 왜의 교섭을 엿볼 수 있는 장신구가 있다. 중국에서 제작된 허리띠장식이다. 금동으로 만들어졌으며 용과 봉황, 호랑이 등 동물과 삼엽문이 정치하게 표현되었다. 진왕조에서 제작되어 '진식대금구(晉式帶金具)'라고 불리기도 한다. 당시 유력자의 권위를 나타내는 장신구이다.

이 장신구는 진(晉)만이 아니라 중국 동북부(삼연), 고구려, 백제, 신라, 그리고 왜 등 동아시아 전역으로 확산되었다. 중국 동북부(삼연)에서는 모방품도 제작되었다. 참고로 삼연이란 5호 16국 시대 중국 동북부에 존재한 전연-후연-북연을 일컫는다.

왜에서 제한적으로 출토되었는데 현재 나라(奈良)현 신야마(新山)고분과 효고(兵庫)현 교자쓰카(行者塚)고분 정도이다. 뛰어난 제작기술로 보아 그 제작지는 중국으로 보아도 좋을 것이다. 이 진식대금구는 어떻게 왜까지 전해졌을까. 중국에서 직접 반입된 것일까. 아니면 다른 사회를 경유하였을까.

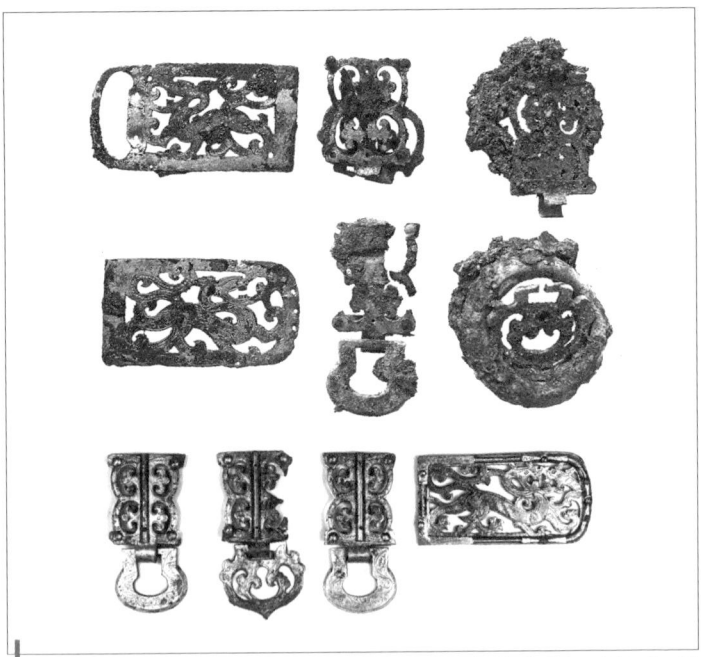

진식대금구. 효고현 교자쓰카고분 출토품(위의 6점)과 대성동88호분 출토품
(아래의 4점) (가코가와시교육위원회, 대성동고분박물관)

이 문제를 생각하는 데 교자쓰카고분 진식대금구의 출토 상황이 중요하다. 교자쓰카고분은 분구 길이 약 99m의 전방후원분으로 4세기 후반에서 5세기 초에 축조되었다. 매장시설과는 별도로 부장품을 넣기 위한 상자가 발굴되었는데 그 속에서 마구, 철부와 함께 진식대금구가 출토되었다.

주목되는 것은 함께 출토된 마구와 철부이다. 우선 철부는 거푸집에 녹인 철을 부어 만든 것(주조)으로 한반도에서 건너온 것으로 생각해도 좋을 것이다. 금관가야에서도 많이 출토된다. 또 마구는 일본열도에서 가장 이른 시기의 것으로 한반도에서 반입되었거나 도래인이 왜에서 만들었을 가능성이 크다. 이와 유사한 마구는 금관가야에서 확인된다. 이러한 것들과 진식대금구가 함께 부장된 것으로 보아 철부, 마구(를 만들었던 사람)와 함께 금관가야에서 진식대금구가 왜로 반입된 것으로 생각하는 것이 자연스럽다.

다만 이 견해에는 한 가지 약점이 있었다. 정작 금관가야에서 진식대금구가 출토되지 않았는 것이었다. 그러나 최근 발굴조사를 통해 왕족의 묘(대성동 70, 88호분)에서 실제로 진식대금구가 출토되었다. 그리고 다른 무덤(91호분)에서는 중국 동북부(삼연)의 마구도 출토되어 금관가야가 중국계의 물건들을 수입한 것이 확실해졌다. 따라서 왜에서 출토된 진식대금구는 진과 삼연에서 직접 반입된 것이라기보다는 중국의 물건을 수입한 금관가야와의 교섭 속에서 전해진 것으로 생각해야 할 것이다.

당시의 한반도 정세

이상과 같이 4세기의 금관가야와 왜는 활발히 교섭하고 있었다. 양자가 활발하게 교섭하고 위세품을 교환하면서 서로 중요한 파트너로서 인정한 이유는 무엇일까. 이를 이해하기 위한 단서는 당시 한반도 정세에 있다.

이 시기 한반도 북부에서는 고구려가 성장하고 있었다. 중국 위나라에 공격을 당하여 위기도 있었지만 이를 극복하고 313년에 낙랑군, 314년에는 대방군을 멸망시킨다. 그 후에도 중국 왕조와의 관계를 고심하면서도 서서히 한반도 중남부로 침공을 꾀하게 된다. 한편 한반도 중서부에서는 마한의 백제국(伯濟國)을 중심으로 성장한 백제가, 동남부에서는 진한의 사로국을 중심으로 성장한 신라가, 각각 세력을 펼치고 있었다.

4세기 후반, 낙랑·대방의 고지를 둘러싸고 고구려와 백제의 대립이 극심해졌다. 그리고 369, 371년에는 실제로 전투까지 일어난다. 그 후도 오랫동안 백제와 고구려의 대립은 지속되었다. 한편 신라는 고구려와 관계를 심화하여 종속적인 자세를 취하고 있었다.

이처럼 고구려와 백제의 대립을 중심으로 한 긴박한 정세는 금관가야와도 관계가 있었다. 특히 고구려의 힘을 바탕으로 성장한 신라와는 낙동강을 사이에 두고 대치하는 관계였다. 신라에 대항하기 위해 금관가야는 금관국을 중심으로 하여 정치적으로 뭉칠 필요가 있었다. 그 기반이 된 것은 남해안의 항로와 낙동강의 결절점이라는 지세를 살려, 철생산과 해상교통을 일체화하면서 다양한 사회와 철을 둘러싼 교역을 적극적으로 전개하는 것이었다. 그렇기 때문에 왜를 중요한 파트너로 인식한 것이다. 왕족의 무덤에 왜로부터 반입된 문물이 부장된 것은 이를 여실히 말해준다.

한편, 왜를 보면 266년 이후 중국으로 사신을 보낸 기록이 더이상 보이지 않는다. 그리고 4세기에 들어 낙랑·대방 두 군이 고구려에 의해 멸망한 뒤 중국과 직접적인 관계는 거의 끊어졌을 것이다. 이러한 상황에서 철을 비롯한 필수물자와 선진 문화의 안정적인 수용을 목표로 왜왕권은 금관가야와 직접적인 교섭을 본격화한 것이다.

백제와의 통교

이처럼 긴박한 한반도의 정세, 즉 고구려의 남하를 계기로, 금관가야와 왜왕권은 직접 교섭하게 된다. 이와 함께 한일관계의 동향을 크게 좌우하는 움직임이 있었다. 그것은 백제와 신라도 왜와 관계를 맺고자 움직이기 시작한 것이다. 이제부터 백제와 왜의 관계, 신라와 왜의 관계에 관해 이야기하고자 한다. 우선 백제와 왜의 관계이

백제의 왕릉(서울 석촌동고분군) (한성백제박물관)

다. 369년, 백제는 왜와 정식적으로 통교하기 위해 움직인다.

백제가 왜와 통교를 하고자 한 경위는『日本書紀』神功46년 3월조에 기록되어 있다. 그 내용을 요약하면 다음과 같다.

① 366년에 왜의 사신(시마노스쿠네, 斯摩宿禰)이 '탁순국(卓淳國)'을 방문했을 때, 탁순국의 수장(末錦旱岐)에게 다음과 같은 이야기를 듣는다.

② '백제의 사신 3명(久氐, 彌州流, 莫古)이 2년 전에 방문해 왜와 교통을 요청하여 우리(탁순국)에게 왜로 가는 경로를 알려달라고 했다. 그러나 우리도 왜와 통교한 적이 없어서 그 경로를 가르쳐 줄 수 없었다. 그러자 백제의 사신들은 왜국의 사신이 탁순국을 방문하면 백제로 연락해달라고 부탁한 뒤 돌아갔다'.

③ 이 이야기를 들은 왜의 사신(斯摩宿禰)는 자신의 종자(從者) 니하야(爾波移)를 백제로 보냈다. 그때 탁순국의 수장은 자신의 신하(過古)를 함께 보냈다.

④ 백제왕은 매우 기뻐하며 후하게 대접하였다. 니하야(爾波移)에게 다섯 가지 색의 채견(綵絹), 각궁전(角弓箭), 철정 40매를 주고 진귀한 물건들을 보여주면서 왜에게 바칠 마음이 있다는 뜻을 전했다.

⑤ 니하야(爾波移)는 탁순으로 돌아와 백제왕의 뜻을 주인인 시마노스쿠네(斯摩宿禰)에게 전했다.

이듬해 ②에서 등장한 백제의 사자 3명(久氐, 彌州流, 莫古)이 왜로 파견되어 백제와 왜의 통교가 정식적으로 개시되었다.

①~⑤에 적힌 내용의 신빙성에 대해서는 대체로 인정되고 있다. 즉 고구려와 대립하던 백제가 왜와 연계를 모색한 것이다. 이를 상징적으로 나타내는 것이 나라현 덴리(天理)시 이소노카미(石上)신궁에 소장된 칠지도(七支刀)이다. 칠지도는 『日本書紀』神功 52년조에 백제로부터 전해진 것으로 기록된 '七枝刀一口'로 앞과 뒤에 새겨진 명문으로 보아 백제왕의 세자가 왜왕을 위해 제작, 증정한 것이다.

이처럼 백제와 왜의 왕권 간 통교는 백제측의 접근으로 시작되었다. 여기서 주목할 수 있는 것은 이를 중개한 탁순국이다. 탁순국의 위치에 대해서는 백제와 왜를 잇는 항로 연안, 즉 바다를 조망할 수 있는 지역이라고 생각할 필요가 있다. 현재로서는 김해의 서쪽, 마산만에 접한 창원, 마산 일대로 여겨진다(田中 2009).

창원·마산에서는 금관가야계 토기와 하지키계 토기가 함께 출토된다. 또 무덤의 구조와 부장품도 김해와 매우 유사하다. 그러므로 탁순국은 금관가야를 구성하는 소국 중 하나였을 것이다. 백제와 왜의 통교가 금관가야(에 속한 소국)의 중개로 개시된 것은 상징적이며 고구려의 남하 정책에 대응하는 가운데 백제-금관가야-왜라는 관계가 수립되었다.

신라와 왜

그렇다면 신라와 왜는 어떠했을까? 4세기 후반에 신라와 고구려의 관계가 심화된 것은 이미 언급했다. 377년, 382년 신라는 중국의 전진(前秦)에 사신을 보냈는데 여기에는 고구려의 도움이 있었다. 또 4세기 말부터 5세기 초에 걸쳐 고구려에 고위의 인물을 '質 (볼모)'로 파견했다.

참고로 '質'란 오늘날의 '인질'과 같은 의미보다는 교섭할 상 대방에 파견되어서 자신이 속한 사회의 목적을 대변하는 사람을 가리킨다. 고대에는 '質'의 교환이 빈번히 이루어졌다.

이처럼 고구려와 대립이 격심해진 백제와 달리, 신라는 고구 려에 종속됨으로써 남하 정책에 대비했다. 또 고구려의 힘을 배 경으로 낙동강 이동지역으로 세력을 확대해 갔다.

한편 고고학적으로 보면 4세기에 왜와도 교섭하고 있었던 듯 하다. 신라의 중심인 경주에서 출토된 왜계문물이 그 증거이다. 예 를 들어 중소의 귀족층 묘지(월성로고분군)에서는 하지키계 토기와 벽옥제 팔찌(石釧)가 부장된다. 또 최근의 연구에서는 4세기 후반 부터 6세기에 걸쳐 신라에서 유행한 비취 곡옥이 니가타(新潟)현 이토이카와(糸魚川)유역 에서 생산되었다는 견 해도 제기되었다.

특히 벽옥제의 팔 찌는 왜에서도 왜왕권 을 중심으로 유통된 위 세품 중 하나이다. 이것 이 신라의 중심에서 출 토된 것은 그 의의가 매 우 큰데, 신라와 왜왕권

월성로 가-29호분 출토 벽옥제 팔찌(국립경주 박물관)

이 이미 4세기에 유대관계를 갖고 있었을 가능성을 나타내기 때문이다. 『日本書紀』에는 신라와 왜가 적대적인 관계로 자주 그려지는데 그렇다고 결코 교섭이 없었던 것은 아니었다. 다음 장에서 살펴보듯이 5, 6세기에도 계속해서 교섭이 이루어졌다. 그 단서가 이미 4세기 후반에 확인된다는 것만 여기서 확인해둔다.

왕권 간 통교와 지역사회

지금까지 4세기 한일관계의 동향을 서술했다. 우선 금관가야와 왜왕권의 교섭 회로가 착실하게 이어졌고 그 파이프는 점차 굵어졌다. 이에 따라 왜에서는 하카타만을 거치지 않고 기나이와 김해를 직접 잇는 오키노시마(沖ノ島)루트가 정비되었다. 한편 금관가야에서는 고 김해만의 교역항이 번영을 누리고 있었다. 또 백제, 신라와 왜의 통교도 각각 4세기 후반에 개시되었다. 그 배경에는 고구려 남하 등 서서히 긴박해지는 한반도의 정세, 그리고 왜왕권이 선진 문화를 안정적으로 수용하고자 하는 움직임이 있었다. 이처럼 4세기 후반은 한일 사이에서 왕권의 외교가 개시되는 시기였다.

한편 왜의 지역사회도 주체적인 교섭 활동을 모색하기 시작했던 것 같다. 서일본에 산재하는 통형동기가 이를 나타내고 있다. 또 북부 규슈의 지역사회는 니시신마치유적이 쇠퇴한 후에 새로운 거점을 마련하여 오히려 독자적인 움직임을 강화했다. 이에 관해서는 다음 장에서 언급한다.

그리고 4세기가 되면 북부 규슈와 기나이 이외의 서일본 각지에서 수는 적으나 한반도계의 다양한 토기가 출토된다. 한반도에서도 4세기가 되면 하지키계 토기가 김해와 동래 등 금관가야의 중심만이 아니라 남해안 연안의 각지로 확산되는 경향을 보인다. 즉 왕권 간 통교가 시작되는 4세기 후반에도 해촌 네트워크는 축소되지 않고 여전히 기능하고 있었다. 그 이유 가운데 하나는 당시 항해에 사용된 배의 구조와 항해의 방식인 것 같다.

배의 구조와 항해의 방식

당시의 배는 '준구조선'으로 선단(船團)을 편성하여, 한반도와 일본열도를 왕래한 것으로 생각된다. 준구조선이란 통나무 속을 도려낸 통나무배에 선수(船首), 선미(船尾), 현측판(舷側板) 등 부재를 조합하여 만든 배를 말한다. 그 부품이 북부 규슈와 기나이, 고김해만 연안에서 몇 개 확인되었다. 큰 것은 길이가 십수 미터에 달하는 배였던 것 같다.

후대의 사료이나 『日本書紀』欽明 15년(554년) 정월조에는 왜가 백제로 1,000명의 병사, 100필의 말, 그리고 40척의 배를 보낸 것으로 기록되어 있다. 이 사료가 사실이라면 당시에는 배 1척당 병사 25명, 말 2~3필, 이들에게 필요한 물과 식량 정도밖에 수송할 수 없었던 것 같다.

배의 크기와 함께 당시의 항해가 육지에 가까이 근접하여 해안을 따라가면서 항행(航行)하는 항법이었던 것을 생각하면 왕권 간 외교라고 하더라도 이를 담당한 사절단은 일상적인 해촌 네트워크를 이용해야 했다.

따라서 이 네트워크의 거점을 손에 넣은 집단이나 지역사회가 왕권 간 통교의 영향을 받으면서 자신들의 주체적인 대외활동을 모색하는 것은 오히려 당연한 결과였다. 이런 상황이 명확히 드러나는 것은 이후의 5세기이다.

제4절 '기술혁신의 세기'를 향하여

광개토왕비문과 기술혁신의 5세기

이상과 같이 4세기에 한일관계는 크게 요동친다. 본 장을 마무리하기 전에 4세기의 한일관계가 '기술혁신의 세기'라고 불리는 5세기로 어떻게 이어진 것인가에 대해서 예견하고자 한다.

서장에서도 소개한 것처럼 한반도에서 반입된 스에키, 철기, 금공품 등 수공업생산, 말의 생산, 농경과 토목, 난방과 취사 시설인 부뚜막 등 다양한 정보와 기술, 도구는 5세기에 왜로 넓게 정착해 간다(亀田 2010).

그 배경으로 지금까지 중요시된 것이 광개토왕비문에 기록된 400년 전후의 고구려 남하와 이에 대한 왜, 가야, 백제의 군사충돌이다. 즉, 전란의 결과 왜군에 의해 공인이 연행되었고 한반도 남부의 많은 사람이 왜로 이주하였으며 이로 인해 선진 문화가 왜로 급속하게 퍼졌다는 견해이다. 이 전란에 대해서는 다음 장에서 언급한다.

'기술혁신'의 맹아

그러나 왜의 '기술혁신'은 400년을 전후하여 갑자기 시작된 것이 아니다. 그 맹아는 4세기 후반에 이미 확인된다. 예를 들어 스에키 생산에 대해서는 효고현 고베(神戶)시 데아이(出合)유적에서 확인된 토기 가마가 있다. 가마와 여기에서 출토된 토기의 특징으로 보아 4세기 후반에 한반도 서남부에서 건너온 사람들이 주체적으로 조업한 것을 알 수 있다. 스에키 생산의 본격적인 모태가 되지는 않았지만, 토기생산의 기술을 가진 한반도 사람들이 건너와 정착하였으며 설령 단기간이었다고 하더라도 토기를 생산했던 것은 분명하다.

또 철기 생산과 관련해서 4세기대에 이미 갑주가 생산된 것은 중요하다. 왜에서는 4세기 전반에서 중엽 경에 좁고 긴 철판을 가죽끈으로 연결하는 갑옷(수신판혁철단갑)과 방형의 철판을 연결한 갑옷(방형판혁철단갑)이 제작되었다. 이러한 갑옷을 왜에서 생산할 수 있었던 것은 한반도에서 갑주를 제작한 공인이 도래하여 왜의 공인에게 기술을 전수하고 연수하였기 때문이다(橋本 1998).

그 후, 왜는 독자적으로 발전하여 4세기 후반에는 '대금식갑주(帶金式甲冑)'를 조직적으로 생산하게 된다. 대금식갑주란 벨트 모양의 철제 프레임(대금)을 만들고 거기에 장방형이나 삼각형의 철판(지판)을 연결하여 체계적인 수법으로 제작된 갑주를 가리킨다. 그 공방은 왜왕권이 관리하였으며 거기서 만들어진 갑주는 왜왕권과 지역수장의 관계를 확인하기 위한 용도로 일본열도의 여러 지역으로 분배되었다.

그리고 4세기 후반, 왜에 마구도 도입된다. 앞서 살펴본 것처럼 효고현 교자쓰카고분의 부장품 상자에는 한반도계의 마구가 들어 있었다. 마구 가운데 말을 제어하기 위한 재갈이 있었는데 그 형태가 특이한 것으로 보아 마구 제작이 서툰 도래 공인이 왜에서 제작했을 가능성이 있다. 또 구마모토(熊本)현 하쓰탄바루(八反原)2호분에서는 교자쓰카고분과 마찬가지로 재갈이 출토되었다. 여기서 말의 치아가 공반되었기 때문에 마구만이 아니라, 말 자체가 한반도에서 건너 온 것을 알 수 있다(諫早 2012).

또 새로운 농공구도 단속적(斷續的)으로 한반도로부터 수입되었다. 예를 들어 현재의 낫과 같은 형태의 곡인겸(曲刃鎌), 괭이(又鍬), 살포 등 철로 만들어진 다양한 농공구가 수량은 적으나 3세기 후반부터 4세기 고분에 부장되었다. 참고로 살포란 원래 논두렁의 물꼬를 막거나 트는 기능의 도구를 말하는데 한반도에서는 의장(儀仗)으로서도 기능했다. 왜에서는 농공구로 정착하지 않았으나 의장으로서는 귀중히 여겨졌다. 또 괭이와 가래에 부착한 U자형삽날도 4세기 말경에는 한반도로부터 도입되었다.

이상과 같은 상황을 종합하면 5세기대의 기술혁신을 모두 광개토왕비문에 기록된 왜의 군사 활동과 결부시킬 수는 없다. 필자는 다음과 같이 생각한다.

4세기에는 금관가야를 비롯한 한반도의 다양한 사회와 왜의 교섭이 거듭되었고 또 해촌 네트워크를 통해 일상적인 유대관계도 지니고 있었다. 그런 가운데 '기술혁신'과 결부된 물건, 사람, 정보의 교환이 활발히 이루어졌다. 이에 따라 4세기 후반에는 왜

사회 속에서 생활문화를 크게 변용시켜 나갈 소지가 생겨났고 이후의 5세기를 맞이할 수 있었다.

::

인용·참고문헌

한국어

이창희, 2011, 「토기로 본 가야 성립이전의 한일교류」, 『가야의 포구와 해상활동』 제17회 가야사학술회의, 김해시학술위원회.

일본어

東 潮, 2012, 『邪馬台国の考古学―魏志東夷伝が語る世界』, 角川選書 503.

諫早直人, 2012, 『東北アジアにおける騎馬文化の考古学的研究』, 雄山閣.

井上主税, 2014, 『朝鮮半島の倭系遺物からみた日朝関係』, 学生社.

岩本 崇, 2006, 「筒形銅器の生産と流通」, 『日本考古学』22, 日本考古学協会.

亀田修一, 2010, 「遺跡·遺物にみる倭と東アジア」, 『東アジア世界の成立』 日本の対外関係1, 吉川弘文館.

久住猛雄, 2007, 「『博多湾貿易』の成立と解体」, 『考古学研究』53-4, 考古学研究会.

武末純一, 2009, 「三韓と倭の交流―海村の視点から」, 『国立歴史民俗博物館研究報告』151.

田中俊明, 2009, 『古代の日本と加耶』 日本史リブレット70, 山川出版社.

朴天秀, 2007, 『加耶と倭―韓半島と日本列島の考古学』, 講談社選書メチエ398.

橋本達也, 1998,「竪矧板・方形板革綴短甲の技術と系譜」,『青丘学術論集』12, 韓国文化振興財団.

福永伸哉, 2005,『三角縁神獣鏡の研究』, 大阪大学出版会.

藤尾慎一郎, 2015,『弥生時代の歴史』, 講談社現代新書2330.

洪潽植, 2004,「釜山東萊貝塚出土の土師器系土器」,『福岡大学考古学論集―小田富士雄先生退職記念―』, 小田富士雄先生退職記念事業会.

村上恭通, 1998,『倭人と鐵の考古学』シリーズ日本史の中の考古学, 青木書店.

한반도에서
바라본
고대일본

海の向こうから見た倭国

한반도에서 바라본

바라본

海の向こうから見た倭国

고대일본

왜계고분으로 본 백제, 영산강유역과 왜

고흥 야막고분의 발견

2012년 10월 8일, 필자는 한반도 남해안 고흥반도에 있는 야막고분으로 향했다. 근무처인 일본 국립역사민속박물관과 한국 국립문화재연구소의 교류 일환으로 야막고분의 발굴조사에 참여하기 위해서였다. 조사 담당자인 권택장 씨로부터 어쩌면 왜계고분(倭系古墳)일지도 모른다는 연락을 받았다. 희망에 차서 고분에 도착했을 때는, 마침 분구의 조사가 진행 중이었다. 곧바로 분구의 모습을 관찰하기 시작했다.

분구는 잘 남아 있었으나 그 일부는 일제강점기 때 만들어진 신사(神社)로 인해 깎여져 있었다. 직경 22m 정도의 원분이었다. 표면에서 분구를 보호하기 위한 즙석(葺石)을 확인할 수 있었다. 또 분구 상면의 중앙에 수혈식석실로 보이는 매장시설이 발굴되었다.

조사 사진을 촬영하기 위해 고분 바로 옆에 설치된 전망대에 올라 입지와 주변의 경관, 아득히 먼 고흥만(灣)을 조망하면서 아마 왜계고분일 것이라는 생각을 굳혀 갔다. 전망대를 내려와 놀라움을 금치 못하자 권택장 씨가 미소를 띠면서

"왜계고분으로 보아도 괜찮습니까"

라고 말을 걸었다. 고개를 끄덕이며 그의 물음에 대답했다.

"가능성이 크지 않을까요"

왜계고분이란 한국고고학의 용어로 왜의 영향을 강하게 받은 고분을 가리킨다. 야막고분이 왜계고분의 가능성이 크다고 생각한 데는 몇 가지 이유가 있었다.

우선 즙석의 존재이다. 야막고분의 즙석은 왜의 중·소고분과 매우 닮아 있다. 우선 한반도 중서부의 고분에서는 즙석을 확인할 수 없다. 최근에는 영산강유역의 5, 6세기 고분에서 확인되나 이 역시 왜와의 관계 속에서 받아들인 새로운 요소로 이해하는 것이 자연스럽다.

다음으로 수혈식석실을 만드는 방법이 중요하다. 수혈식석실이란 돌을 쌓아 올려 네 벽으로 방(室)을 만들고 죽은 사람을 매장한 후 그 상부를 판재와 편평한 돌로 씌운 매장시설을 말한다. 야막고분의 석실은 석실을 밖에서 지탱하는 적석의 폭이 넓었다.

▌ 발굴조사 중인 야막고분

이러한 특징은 같은 시기 북부 규슈의 수혈식석실과 유사하므로 어쩌면 그 영향을 받은 것이 아닐까 생각했다. 다만 견학했을 때는 석실 내부의 구조를 조사하기 전이었기 때문에 하나의 가능성으로 권택장 씨에게 이야기했다. 그도 비슷한 생각을 하고 있었다.

고분의 입지도 특징적이었다. 고흥반도에서는 고분이 군을 이루면서 조영된 것이 보통이나 야막고분은 단독으로 축조되었다. 또 바다를 내려다 볼 수 있는 작은 구릉상에 위치하고 있어, 지금도 고흥만을 간척해 만든 넓은 농경지를 조망할 수 있었다. 바다를 의식해 고분을 축조하였다는 것은 일목요연했다. 이러한 입지는 나중에 다시 이야기하겠지만 왜계고분의 큰 특징 중 하나이다.

그리고 고흥반도에서 이미 왜계고분이 확인된 것도 야막고분을 왜계고분으로 보는 이유 중 하나였다. 그 고분은 길두리 안동고분이다. 직경 36m 정도의 원분으로 고흥반도 남쪽의 해창만을 바라보는 낮은 구릉에 위치한다. 이 고분도 단독으로 축조되었으며 그 입지도 야막고분과 유사했다. 2006년에 전남대학교박물관에 의해 발굴조사가 이루어졌다. 그 결과 안동고분도 분구에 즙석을 덮었으며 매장시설은 수혈식석실로 확인되었다. 그리고 그 내부에서는 왜에서 만들어진 갑주와 거울이 출토되었다.

야막고분을 얼추 견학한 후 곧장 분구의 발굴조사에 참가했다. 권택장 씨와 이야기를 하면서 즙석이 어떻게 축조되었는가에 대해 검토했다. 발굴조사에는 일주일밖에 참여할 수 없었지만 매우 알찬 날들이었다.

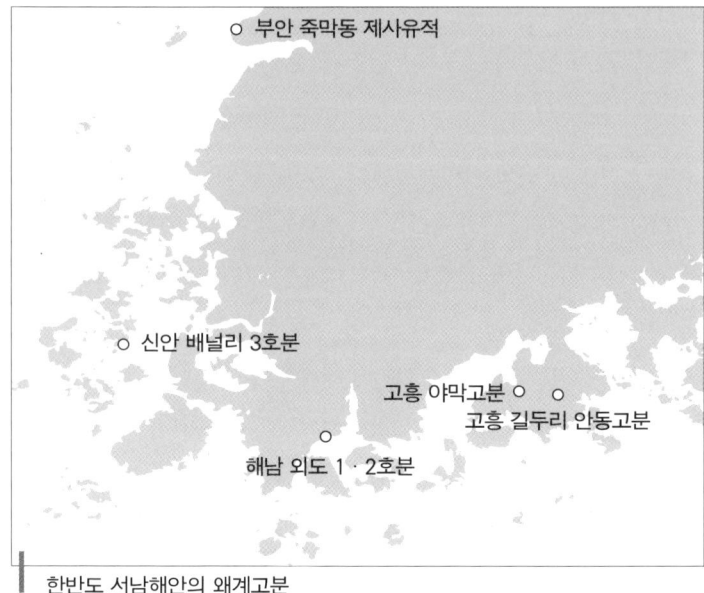

한반도 서남해안의 왜계고분

새로운 왜계고분

일본으로 귀국해 한 달 정도 지난 어느 날, 권택장 씨로부터 전화가 걸려 왔다. 약간 흥분된 목소리였다.

"다카타 선생님. 역시 야막은 왜계고분이었던 것 같습니다."

"뭔가 좋은 게 나왔습니까?"

이미 매장시설의 조사가 시작된 것은 알고 있었다. 질문에 대한 그의 대답은 충격적이었다. 매장시설은 역시 규슈계 수혈식석실이라는 것, 도굴당하지 않은 것, 묻힌 사람이 수즐(竪櫛, 역자주:

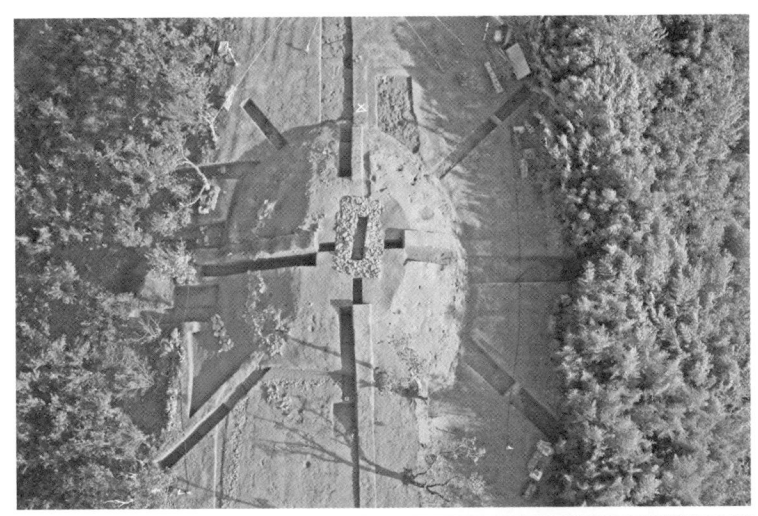

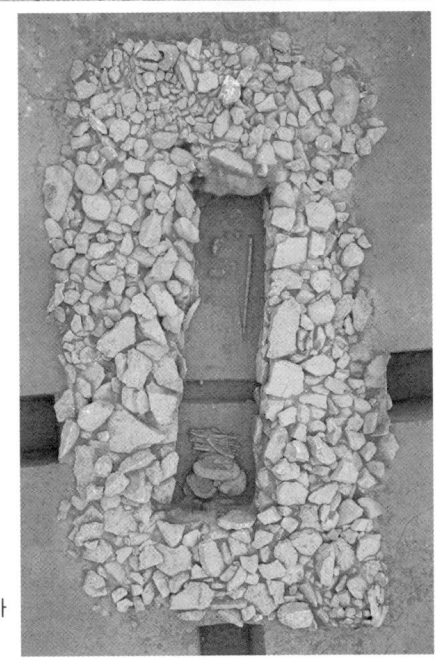

야막고분과 수혈식석실(국립나
주문화재연구소)

빗살이 긴 빗. 묶은 머리카락을 고정하는 헤어핀과 같은 기능이었던 것으로 생각된다.)과 곡옥 등 장신구를 착장한 것, 그리고 왜에서 만들어진 갑주가 부장된 것이었다. 갑주는 일본열도에서 5세기 전반에 제작되었을 가능성이 컸다.

권택장 씨가 일본열도에서 유사한 고분 사례를 찾고 있다고 하여 즉시 관련된 고분의 조사보고서와 논문을 보내기로 약속했다. 그리고 다시 한번 현지 견학을 할 수 있도록 부탁했다. 권택장 씨는 흔쾌히 허락해 주었다.

마침 한국으로 출장을 갈 예정이었기 때문에 일정을 일부 변경해서 11월 28일에 다시 고흥으로 향했다. 고흥 버스터미널에서 권택장 씨와 만나 야막고분에 도착했을 때는 수혈식석실의 조사가 막바지에 접어들고 있었다. 바쁜 권택장 씨에게 방해가 되지 않도록 주의하면서 수혈식석실의 구조와 다양한 부장품, 특히 갑주와 무기의 특징을 관찰했다.

대부분의 부장품은 5세기 전반, 일본열도의 고분에 자주 출토되는 것이었다. 또 수혈식석실 역시 북부 규슈와 공통된 구조였다. 야막고분은 현지 고분의 특징이 거의 없었다. 왜의 묘제를 모방하여 축조되었을 것이라 생각되었다. 묘제란 고분을 어디에 축조할 것인지 장소의 선정부터 실제 고분의 조영, 그리고 죽은 사람의 명복을 비는 의례까지 고분과 관련된 일련의 방법과 관습을 말한다. 이제부터 자주 사용하는 용어이기 때문에 숙지해주셨으면 한다.

왜의 묘제를 따라 축조된 야막고분에 묻힌 사람은 누구일까?

그 축조배경은 무엇일까? 2, 3시간 정도밖에 견학할 수 없었지만 얻은 것은 매우 많았다. 버스터미널까지 배웅해 준 권택장 씨와 다시 만날 것을 약속하면서 고흥을

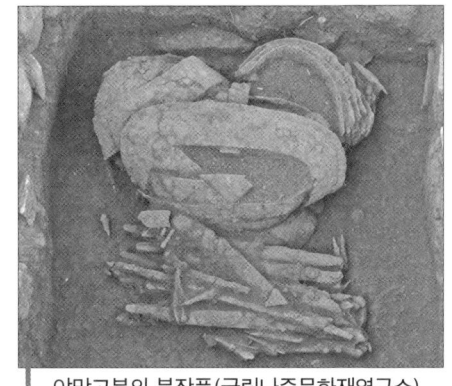

야막고분의 부장품(국립나주문화재연구소)

뒤로 했다. 야막고분의 발굴조사보고서는 2014년에 간행되었다 (국립나주문화재연구소 2014a).

최근 한반도의 서남해안 각지에서 야막고분과 같이 5세기 전반경에 축조된 왜계고분이 잇달아 확인되고 있다. 한반도 서남해안을 따라 이동하는 연안항로가 왜와 백제, 영산강유역의 주요 교섭 루트임을 구체적으로 나타내는 자료이다(국립나주문화재연구소 2014b). 여기서는 왜계고분에 묻힌 사람의 성격과 그것이 축조된 배경을 생각하면서 당시 백제·영산강유역과 왜의 교섭에 대해 살펴보고자 한다.

왜계고분의 특징

왜계고분의 특징을 정리한다. 우선 입지를 보면 바다를 바라보는 구릉의 꼭대기와 다도해의 작은 섬에 축조된다. 또 주위에 고분군이 없고 독립적으로 입지하는 점도 특징이다. 그 피장자가 현

신안 배널리3호분의 입지(위)와 수혈식석실(아래) (동신대학교문화박물관)

지의 사람과 이질적인 존재―우리와는 무언가 다르다는 것을 생각하게

끔 하는 존재―라는 증거이다.

　　다음으로 분구를 살펴보면 모두 중소형의 원분이며 즙석이

있는 경우가 있다. 매장시설은 수혈식석실과 판석을 상자 모양으

로 조합한 상자식석관이다. 이런 특징은 북부 규슈와 관련 깊다.

부장품을 보면 왜계갑주가 부장되는 점이 특징적이다. 대략 5세기 전반에 제작된 최신의 갑주이다. 또 왜계무기가 출토되는 경우도 많다. 이 외에 수즐(竪櫛)과 곡옥과 같은 장신구 세트, 무구와 거울을 함께 부장하는 관

안동고분 출토 관모(전남대학교박물관)

습이 확인되는데 이 역시 왜의 묘제와 유사하다.

다만 왜계 부장품만 묻힌 것은 아니다. 특히 앞서 소개한 안동고분에서 출토된 관모와 식리 등의 장신구는 당시로서는 최고 수준의 기술로 만들어진 것이다. 아마 백제의 왕도(한성, 현재의 서울)에서 제작되어 백제왕권으로부터 피장자에게 분배된 것이다.

이처럼 왜계고분은 서남해안에 단독으로 축조되었으며 왜(倭), 특히 북부 규슈의 중소고분 묘제와 유사하다. 한편 안동고분에서 출토된 관과 식리(금동신발) 등 장신구는 피장가가 백제왕권과도 연관된 것을 나타낸다.

5세기 전반의 백제, 영산강유역

다음으로 4세기 말에서 5세기 전반의 백제, 영산강유역과 왜의

영암 옥야리방대형고분(국립나주문화재연구소)

관계에 대해 정리한다. 전장에서 살펴본 것처럼 4세기 후반, 백제는 고구려와 치열한 항쟁 속에서 우호적인 사회의 협조가 불가결했다. 이 때문에 중국 동진(東晉)으로 사신을 보내거나 왜와도 탁순국을 매개로 통교를 개시했다.

그러나 광개토왕비문에 기록되어 있듯이 백제는 396년에 고구려와 전쟁에서 크게 패배한다. '고구려에게 '五八城七百村'을 빼앗기고 많은 노예와 직물을 바쳤으며 복속하기로 맹세했다. 그러나 이듬해 고구려와 맹세를 어기고 왕자인 전지왕(腆支王)을 '質(볼모)'로 파견하여 왜와 우호 관계를 맺었다. 다만 꼭 고구려의 남하에 대한 유효책은 아니었던 것 같다.

한편 영산강유역을 중심으로 한반도 서남부에서는 4세기대 백제와 다른 묘제가 전개되었다. 타원형이나 제형(사다리꼴)의 낮은 분구에 옹관과 목관을 몇 기씩 설치한 특징적인 고분이다. 이러한 전통을 '다장(多葬)'이라고 한다.

그리고 5세기 전반경이 되면, 더욱 높고 큰 분구에 지금까지의 옹관, 목관만이 아니라 상자식석관과 수혈계 횡구식석실(수혈식석실의 네 벽 가운데 하나에 죽은 사람을 매장하기 위한 개구부를 설치한 것)을 안치한 '방대형분'이 새롭게 출현한다. 이 방대형분도 다장의 전통이 유지되며 부장토기도 지역적인 특징이 강하다. 영산강유역의 이 독특한 묘제는 백제로 통합되는 6세기 후반까지 이어졌다.

고대한 방대형분의 등장은 백제와 또 다른 사회가 영산강유역에 존재하고 그것이 꽤 성장한 것을 의미한다. 영산강유역의 고분과 취락에서는 왜계, 가야계, 백제계 등 다양한 외래계의 문물이 출토된다. 따라서 활발한 대외활동이 성장요인의 하나였던 것은 분명하다. 이 사회를 마한(의 잔존세력)으로 파악하는 견해도 있다.

이상과 같이 5세기 전반, 백제는 거듭된 고구려의 남하에 대항하기 위해 왜와 제휴를 시도했다. 왜도 선진 문화를 수용하고자 하는 목적이 있었으므로 이에 호응했다. 그리고 영산강유역도 활발한 대외활동을 시도했으며 그 상대 중 하나가 왜(倭)였다.

해상교통을 기반으로 한 집단
왜계고분은 이러한 정세 속에서 한반도 서남해안에 축조되었다. 서남해의 해안선은 복잡하게 얽혀 있어 조수간만의 차가 크다. 특히 왜계고분이 위치하는 일대는 다도해로 좁은 해협이 연속되어 강한 조류가 발생한다.

당시 서남해안을 따라 항해하기 위해서는 복잡한 해상지리, 조류를 정확하게 파악할 필요가 있었다. 서남해안 각지에 거주한 집단은 이를 일찍부터 숙지하고 있었다. 여기서 그 모습을 그려 보고자 한다.

하나의 사례로 야막고분과 안동고분 등 왜계고분이 축조된 고흥반도를 살펴보자. 고흥반도는 영산강유역과 가야의 경계에 해당한다. 이 지역에 생업의 기반을 둔 집단의 모습을 확인할 수 있는 유적이 바로 장덕리 장동유적이다.

장동유적에서는 낮은 분구에 구를 돌리고 그 속에 복수의 목곽(목재를 상자모양으로 조합하여 만든 매장시설)을 설치한 M1, M2호분과 분구가 없는 목곽묘 10기가 확인되었다. 4세기 후반~5세기 전반경에 축조되었다. 목곽과 구에서 출토된 토기는 금관가야계, 경남 서부(소가야)계, 영산강유역계로 다양하다. 또 M1, M2호분이 다장(多葬)인 것은 영산강유역과 비슷하나, 목곽을 매장시설로 이용하는 것은 오히려 가야와 관련깊다.

이처럼 장동유적을 조성한 집단은 가야와 영산강유역의 묘제를 혼합한 듯한 독특한 고분을 축조했다. 이로 보아 가야 및 영산강유역과 활발하게 교역하면서 그 묘제를 받아들인 것을 알 수 있다. 장동유적의 입지가 남해안에서 내륙으로 들어가는 루트에 해당하는 것도 이를 뒷받침한다(이영철 2011).

또 야막고분 가까이, 고흥만에 면한 평야에는 몇 개의 취락이 존재했다. 이 취락에서는 영산강유역과 가야의 토기, 그리고 왜의 스에키, 모자곡옥(母子曲玉)이라고 하는 왜 특유의 곡옥이 출토되어 역시 활발히 해상교역을 한 집단이 있었던 것으로 추정된다.

이처럼 서남해안에는 해상교통을 경제적인 기반으로 하여 동서로 활발하게 교역한 집단이 점재하였고 사람과 물건이 왕래하는 네트워크가 펼쳐져 있었다. 이는 일상적인 해촌 네트워크, 그 자체였다.

왜계고분의 피장자와 조영 배경

지금까지 한반도 서남해안의 왜계고분 특징, 5세기 전반 백제와 영산강유역의 상황, 그리고 서남해안의 해촌 네트워크를 정리했다. 이를 근거로 왜계고분의 피장자가 어떤 인물이었는가에 대해서 생각해보자.

서남해안의 왜계고분은 단독으로 축조되었으며 그 주변에 고분이 존재하는 사례는 없다. 따라서 그 피장자는 현지에 오랫동안 정주하면서 죽음을 맞았다기보다는 현지 사람들에게 무언가 이질적인 존재로서 묻힌 것으로 생각된다. 또 바다를 조망할 수 있는 곳에 무덤이 축조되었다는 것은 묻힌 사람이 해상교통과 관련된 것을 암시한다. 그리고 북부 규슈의 중소고분을 모방하여 고분을 축조하였으며 왜왕권과 관련된 갑주가 부장된다.

이러한 특징에 걸맞는 피장자의 모습은 다음과 같다. 즉 왜왕권으로부터 임무를 받아 백제·영산강유역 교섭을 실제로 담당했지만 임무 수행 도중에 죽음을 맞은 인물, 말하자면 왜계 도래인으로 그 출신지는 북부 규슈이었을 가능성이 크다.

다만 안동고분에서 백제계의 장신구가 부장된 것은 중요하다.

그 피장자가 왜의 의향만으로 활동한 것이 아니라 백제와도 깊은 관계를 맺고 있었던 것을 나타내기 때문이다. 말하자면 왜, 백제, 영산강유역의 경계에서 활동하면서 서로를 잇는 복속성을 갖춘 인물이었다.

왜계고분에 묻힌 피장자의 모습을 이렇게 그려볼 수 있으나 이외에도 중요한 문제가 있다. 왜계집단이 어떻게 백제와 영산강유역으로 항행하였는가이다.

서남해안의 복잡한 지리를 고려하면 왜계집단 스스로 연안항로를 항행하기 어려웠을 것이므로 그 땅을 숙지한 현지 집단의 협력이 필요했다. 아마도 왜계집단은 서남해안에 존재한 해촌 네트워크를 활용하고, 항로를 따라 점재하는 해민집단과 교류를 거듭하면서 해촌을 기항지로 삼거나 항행의 안내를 의뢰했을 것이다.

그러므로 왜계집단과 재지의 지역집단이 함께 '잡거(雜居)'하는 상황이 발생했고 그 관계 속에서 왜계고분이 축조되었을 것이다.

메기시마 마루야마고분의 성격

왜와 백제·영산강유역의 교섭에 도서(島嶼)부와 연안 집단이 관여한 상황은 왜에서도 확인할 수 있다. 실은 서장에서 백제계 귀고리가 출토되었다고 소개한 메기시마(女木島) 마루야마고분(丸山古墳)이 좋은 사례이다. 귀고리를 착장한 피장자를 백제에서 왜로 건너온 사람, 혹은 백제와 밀접한 관계를 맺은 사람으로 이해하고 왜와 백제 사이를 왕래하면서 양자를 잇는 역할을 담당한 것이라 보았다.

메기시마 주변의 다도해

메기시마에서는 세토나이카이는 물론, 당시 유력한 지역사회였던 사누키(讚岐)와 기비(吉備)의 연안을 넓게 조망할 수 있다. 또 메기시마 부근의 바다는 다도해로 좁은 해협이 이어진다. 그 입지는 한반도의 왜계고분과 유사하다. 메기시마에도 해민집단이 있었으며 마루야마고분의 조영에 관여하였을 가능성이 있다. 나중에 언급하겠지만 5세기 세토우치에서도 세토나이카이를 매개로 물건, 사람, 정보를 교환하는 네트워크가 존재했다.

백제에서 왜로 보낸 사절단도 세토나이카이 연안의 해민집단과 교류를 거듭하면서 이 네트워크를 활용하여 항해했을 것이다. 그러한 가운데 메기시마와 같은 항로 근처의 해촌을 기항지로 삼거나 임무 도중에 죽음을 맞은 사람들이 묻혔을 가능성이 크다.

이상에서 본 것처럼 5세기 전반 왜와 백제·영산강유역의 교섭은 루트를 따라 요충지에 점재하는 집단이 깊게 관여하는 가운데 이루어졌다. 이는 5세기 한일왕권 간 외교도 해촌 네트워크에 의한 지역 간 관계를 기반으로 이루어진 것을 나타낸다.

제2절 금관국의 동요와 신라, 왜

금관국의 동요

여기서부터는 장면을 낙동강 하류역으로 옮긴다. 그리고 5세기 전반, 고구려 남하에 의해 크게 동요한 금관국의 모습과 이것이 원인(遠因)이 된 신라와 왜의 교섭에 관해서 생각해보고자 한다.

5세기 전반이 되면, 금관국 왕족의 묘지인 대성동고분군에서 대형묘의 조영이 중단되는 큰 변동이 일어난다. 오랫동안 가야고고학을 선도한 신경철 씨는 그 배경에 광개토왕비에 기록된 것처럼 고구려의 금관국 침공이 있었다고 생각한다. 비문에는 다음과 같이 기록되어 있다.

> 399년에 신라가 자국에 왜인이 가득하니 무언가 조치를 해 달라고 고구려에 구조를 요청했다. 그래서 이듬해, 광개토왕이 병력을 파견하여 신라를 구원하자 왜적(倭賊)은 패퇴했다. 그 배후를 급히 좇아 '임나가라 종발성(任那加羅 從拔城)'에 이르자 그 성은 이내 귀복(歸服)하였다.

비문에 보이는 '임나가라'는 금관국으로 '종발성'은 김해에 있었던 듯하다. 신경철 씨는 이 사건을 계기로 금관가야가 급격히 쇠퇴하고 머지않아 사실상 멸망한 것으로 보았다(신경철·김재우 2000). 비문의 기록과 금관국 중심묘지의 조영 중단을 관련짓는 견해는 지금도 많은 지지를 얻고 있다.

광개토왕비(국립중앙박물관)

광개토왕비와 신라, 금관가야

신라로 침입한 왜(倭)란

지금까지 연구 결과에 따르면, 광개토왕비에 기록된 왜적(倭賊)이란 백제-가야-왜라는 연계하에 아마 백제의 요청에 의해 신라권으로 침입한 왜의 병력으로 이해되고 있다. 고구려에 종속된 신라를 침입한 것으로 보아 고구려 남하에 대항하는 목적이 있었을 것으로 여겨진다.

다만 왜가 어느 정도의 병력을 보냈는가는 명확하지 않다. 비문에 적힌 대로 399~400년에 걸쳐 신라―아마 수도인 경주―에 왜의 병력이 대규모로 머물렀다고 한다면 그 기간은 짧아도 수개월이었을 것이며 그렇다면 이를 유지하기 위한 주둔지(병참)가 필요했을 것이다.

그러나 활발한 발굴조사가 이루어진 신라의 수도, 경주에서 많은 왜인이 체류한 것으로 보이는 유적은 발견되지 않는다. 도요토미 히데요시(豊臣秀吉)에 의한 문록(文禄)·경장(慶長)의 난(임진왜란) 때 일본 병력이 주둔한 '왜성'이 축조되었으며 지금도 한반도 남부의 각지에 남아 있다. 그런 병참기지가 확인되지 않는 것이다.

앞으로 확인될 가능성도 전혀 없는 것은 아니므로 단언할 수는 없지만, 현재로서는 신라에 침입한 왜의 병력을, 왜의 총력이 결집된 대규모라고 보기는 어렵다. 필자는 오히려 소규모 집단이었을 것으로 생각하고 있다. 이는 광개토왕비의 비문을 기초(起草)한 인물 혹은 이를 명했던 고구려왕권이 광개토왕의 위대함을 돋보이게 하려고 강대한 적으로서 '왜'를 연출한 것이 아닐까(李成市 1994).

그 후의 금관가야

여하튼 금관국이 고구려의 남하로 큰 타격을 받은 것은 신경철 씨의 견해대로 대성동고분군에서 대형묘의 조영이 중단되는 것을 통해 엿볼 수 있다. 다만 고구려 남하는 말하자면 일과성(一過性)의 사건으로 고구려군이 금관국에 주둔한 것 같지는 않다.

그리고 최근 조사를 통해 고구려 남하 이후에도 지금까지 발견된 규모는 아니나 대성동고분군의 조영 자체는 지속된 것으로 밝혀졌다. 무덤 중에는 대형 무덤도 있다. 부장품으로 경남 서부 지역(소가야)계, 신라계, 왜계의 물건들이 확인된다. 또, 전장에서 소개한 주요 항구, 관동리유적도 여전히 기능하고 있다. 그리고 『三國史記』에 금관국은 532년까지 존속한 것으로 기록되어 있다.

더욱이 고 김해만 주변의 여러 집단은 중소고분군을 왕성하게 축조하고 활발한 대외활동을 전개한다. 예를 들어 김해 죽곡리고분군에서는 재지(在地, 역자주: 현지. 사람이나 사물이 있는 그곳)의 토기 외에도 다양한 계통의 토기가 부장된다. 그 가운데 94호 석곽묘에서 경남 서부(소가야), 신라 토기와 함께 왜계투구가 부장되었다.

이처럼 고구려 남하로 인해 금관국이 크게 요동친 것은 분명하나, 금관국 자체가 멸망한 것은 아니며(田中 2009) 남해안 항로와 낙동강을 잇는 관문지로서 어느 정도의 세력은 유지한 것이다.

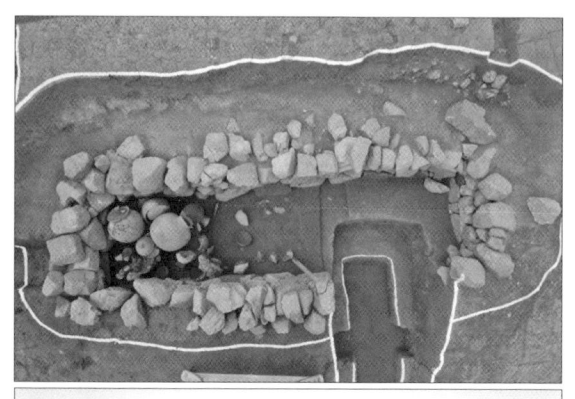

죽곡리94호 석곽묘(위)와 그 출토품(아래) (동아세아문화재연구원)

신라의 양면 외교

한편, 이 시기 왜와 활발하게 교섭한 곳이 실은 신라이다. 이를
뒷받침하는 것이 5세기 전반, 왜의 고분에 부장된 신라계 문물이
다. 대표적으로 용문과 초엽문을 투조한 장신구와 마구가 있다.
이를 합쳐서 용문·초엽문투조제품(龍文·草葉文透彫製品)이라고 부
른다.

이즈음, 신라왕권은 고구려의 힘을 배경으로 낙동강 동쪽의

각지로 세력을 넓혀 가는데 이때 장신구와 마구를 지역사회로 분배, 혹은 그것을 제작할 수 있는 공인을 파견함으로써 사회통합을 추진하였다. 이러한 신라의 위세품을 왜로 보

경산 임당동7B호분(오른쪽)과 오사카부 시치칸고분(왼쪽)의 용문투조대금구(영남대학교박물관, 교토대학종합박물관)

낸 것은 신라가 왜와 유대관계를 맺고자 한 하나의 증거이다. 그 목적은 무엇일까?

4세기 후반부터 5세기 초에 걸쳐 신라가 고구려에게 종속적이었던 것, 고위의 인물을 고구려에 '質(볼모)'로 파견한 것은 전장에서 이미 소개했다. 광개토왕비문에도 신라가 고구려의 '속민(屬民)'으로 충성을 강요당한 상황이 기록되어 있다. 그리고 신라 왕위 계승 분쟁에 고구려가 개입하는 경우도 있었다.

한편 신라는 왜에도 미사흔(未斯欣)이라는 왕자를 보냈다. 이는 신라가 고구려의 영향 아래에 있으면서 왜와도 유대관계를 맺어 엄혹한 국제관계를 타개하고자 하는, 말하자면 양면 외교를 실시한 것을 말한다. 즉 고구려로부터 종속적 관계를 해소하면서 왜가 신라를 침입하는 것을 막기 위한 목적으로 왜와 유대관계를 맺고자 한 것이다.

신라계 도래인의 무덤 - 니이자와센쓰카126호분

신라와 왜의 유대관계를 상징하는 고분이 있다. 나라현 가시하라 (橿原)시 니이자와센쓰카(新沢千塚)126호분이다. 이 고분에 묻힌 사람은 용문투조방형판(관장식), 수식부이식, 나선형의 드리개, 목걸이, 팔찌, 반지 등 장신구를 몸에 걸치고 있었다. 모두 신라에서 제작되거나 혹은 고구려에서 입수한 장신구로 생각된다.

당시 신라의 유력자들은 장신구의 조합과 금, 금동, 은이라는 재질의 차이로 정치적인 신분을 나타내고 있었다. 이는 126호분 피장자에게도 해당된다. 다채로운 장신구를 착장한 것으로 보아 신라 내에서도 꽤 높은 신분의 사람이 왜로 건너왔을 가능성이 크다. 아마 신라의 교섭 목적을 대변함으로써 교섭이 유리한 방향으로 전개될 수 있도록 활동한 '質(볼모)'과 같은 사람이었던 것이 아닐까?

또 126호분 주위에 많은 고분이 축조되어 있으며 한반도계의 다양한 문물이 부장되었다. 126호분은 그 중심에 자리 잡고 있으므로 다양한 문화를 왜로 정착시킨 도래인 집단의 통솔자라는 측면도 있었다.

최근에는 왜의 금공기술 도입과 정착에 신라가 중요한 역할을 담당한 것이 명확해졌다. 왜로 반입된 초기마구에는 낙동강 이동지역에서 계보를 구할 수 있는 것들도 적지 않다(諫早 2012). 따라서 5세기 전반, 왜와 신라의 교섭은 '質(볼모)'의 파견과 같이 한정적인 것이 아니라, 물자와 기술자의 증여, 파견 등을 포함하여 상당히 빈번하게 이루어졌던 것으로 생각된다.

당시의 국제 정세는 크게 보면 백제-가야-왜, 이에 대치하는 고구려-신라라는 도식이었으나 신라는 대외적인 위기를 타개하기 위해 왜와도 관계를 맺고 있었다.

동래와 신라

이러한 신라와 왜의 관계를 좀 더 자세히 살펴보도록 하자. 왜냐하면, 이를 통해 신라의 대왜(對倭)교섭 창구였던 지역사회를 엿볼 수 있기 때문이다. 그 지역은 동래(부산)이다.

5세기 전반, 왜로 이입된 한반도계 문물 가운데 동래지역 수장층의 묘지(복천동고분군)에서 출토된 부장품과 유사한 것이 많다. 지금까지는 이를 금관가야와 왜의 교섭을 반영하는 것으로 여겼다.

그러나 낙동강하류역의 동안에 위치하는 동래는 그 대안의 김해와 달리 신라에 의해 일찍부터 통합되었을 것이라는 설이 제기되었다. 이 설은 매우 설득력이 있어 동래와 왜의 교섭을 생각하는 데 신라의 관계를 고려할 필요가 생겼다. 이 문제를 어떻게 생각하면 좋을까? 우선 동래가 신라로 통합되는 과정에 관한 논의를 정리한다.

신라왕권이 낙동강 이동의 각지를 통합하였음을 나타내는 지표는 크게 세 가지이다. 각지에 축조된 고대한 분구를 가진 고분군(고총군), '낙동강 이동양식'이라 불리는 신라계 토기군의 보급, 그리고 장신구와 마구의 분배이다(이희준 2007). 각 지역사회가 신라왕권과 정치적으로 관계를 맺은 결과, 신라와 유사한 묘제, 토

복천동고분군

기가 부장되었으며 신라왕권이 지역 수장에게 위세품인 장신구와 마구를 분배하였다는 것이다.

이 지표에 맞추어 볼 때, 동래에는 5세기 초가 되면 신라계 토기가 부장된다. 즉 이 시기에 신라왕권과 관계를 맺고 있었던 것은 분명하다. 다만 그 관계를 구체적으로 어떻게 생각하는가에 대해서는 크게 두 가지 견해가 있다.

첫 번째는 동래의 주체성을 중요시하는 견해이다. 즉 신라에 가담하면서도 완전하게 복속되지 않고 정치·경제적으로 주체성을 가졌을 것이라는 입장이다. 그리고 동래에서 대규모 고분군의 조영이 정지되었을 때, 신라에 완전히 통합된 것으로 본다(신경철 1995 등).

두 번째는 동래가 이미 신라왕권에 간접지배를 당하였으며 신라의 한 지방에 지나지 않는다는 견해이다(이희준 2007 등). 간접지배란 그 지역의 정치·경제적 기득권을 어느 정도 보장하면서 지배하는 것이다. 간접지배를 받은 지역의 유력자는 신라왕권의 의도에 맞추어 활동하기를 요구받는다.

신라의 대왜교섭을 중개하는 동래

이 두 가지 견해를 참고로 하면서 필자의 생각을 제시해보고자 한다.

4세기 후반이 되면 신라 특유의 적석목곽(목곽을 주위의 돌로 보호하는 것)이라고 불리는 매장시설이 복천동고분군에서 처음 출현한다. 또 금관가야의 위세품인 통형동기의 부장이 종료된다. 그리고 5세기 초에는 신라계 토기가 다수 부장되고 머지않아 신라계의 장신구도 부장된다. 대표적인 예가 '出'자 모양의 장식을 부착한 금동제의 관이다.

이러한 변화로 보아 4세기 후반부터 동래는 금관가야보다 신라왕권과 관계가 깊었으며 5세기에 신라의 영향 아래에 들어간 것은 분명하다. 이 점은 필자도 이견이 없다. 다만 동래가 신라에 완전히 복속된 하나의 지방에 지나지 않았다고는 생각하지 않는다. 다음과 같은 이유 때문이다.

첫 번째, 5세기가 되어도 신라가 동래를 통합한 것을 상징하는 고총군이 조영되지 않는다. 이전과 마찬가지로 구릉에 낮은 분구를 가진 전통적인 무덤을 계속 축조한다. 이는 금관가야 왕족의 묘지(대성동고분군)와 유사하다. 그리고 매장시설도 일관되게 전통적인 목곽과 수혈식석실을 채용하며 신라의 특징적인 적석목곽은 매우 소수다. 이처럼 신라와의 관계를 강화해

복천동10, 11호분의 수혈식석실(부산대학교박물관)

나가는 속에서도 동래집단은 전통적인 묘제를 고수하고 있었다.

두 번째, 독자적인 위세품을 가지고 있었을 가능성이다. 복천 동고분군에서는 삼루환두대도가 출토되었다. 이것은 대도의 손잡 이 끝에 세 개의 환을 연결한 장식을 붙인 것으로 초기의 것은 청 동제이다. 이 초기 삼루환두대도는 동래에 집중적으로 분포한다. 따라서 동래집단이 자신들의 위세품으로 삼았을 가능성이 크다.

이에 관련하여 흥미로운 자료가 왜에 있다. 가가와현 와라마 (原間)6호분에서 출토된 삼루환두대도이다. 삼루환의 장식은 복 천동 출토품과 크기 및 형태가 같다. 그리고 매장시설은 목관을 보호하기 위해 그 주위를 목재로 둘러싼 목곽이었다. 목곽은 일 본열도에서 정착되지 않은 매장시설로 와라마6호분의 계보는 부 산·김해지역에서 구할 수 있다. 즉 묻힌 사람은 동래에서 건너온

도래인, 혹은 동래와 관계가 깊은 사람으로 생각된다. 와라마6호분은 동래와 세토우치의 유대관계를 나타내는 중요한 고분인 것이다.

세 번째로 신라계의 관이 출토된 복천동1호분의 부장품이 매우 다양한 지역에서 반입된 것이다. 마구와 귀고리

복천동10, 11호분(오른쪽)과 와라마6호분의 삼 루환두대도(왼쪽)(부산대학교박물관, 가가와현 매장문화재센터)

는 백제·대가야계, 창은 왜계이다. 그리고 토기는 경남 서부(소가야)계이다. 부장품 조합이 결코 신라 일색이었던 것은 아니다. 이는 동래지역이 다양한 사회와 독자적으로 교섭한 것을 나타낸다.

이상과 같이 동래지역은 독자적으로 대외교섭을 할 만큼 주체성을 유지하였기 때문에 단순히 신라의 한 지방으로 생각하기는 어렵다. 아마 이런 주체성을 가진 동래가 신라의 대왜(對倭)교섭을 중개했던 것이 아닐까. 그렇기 때문에 5세기 전반, 왜에 확인되는 한반도계 문물 가운데 동래에서 반입된, 혹은 이곳을 경유한 것이 많이 출토되는 것이다.

신라왕권에게는 이처럼 대외교섭에 능통한 동래를 어떻게 통합하는가가 외교권을 장악하기 위한 과제였다. 이 과제가 어느 정도 달성된 것은 복천동고분군의 다음 단계, 고총군을 축조하게 되는 연산동고분군이 조영된 후의 일이다.

이러한 동래와 신라왕권의 역학관계 속에서 왜와 신라의 교섭은 전개되었다.

제3절 대가야의 대두와 왜

박천수 씨의 한일관계사연구

다음으로 장면을 옮겨, 5세기 전반 낙동강 이서의 내륙에서 대두한 대가야와 왜의 관계를 살펴보고자 한다. 점점 이야기가 복잡해진다고 느끼시는 독자분이 계실지 모르겠다. 그럴 때는 서장의

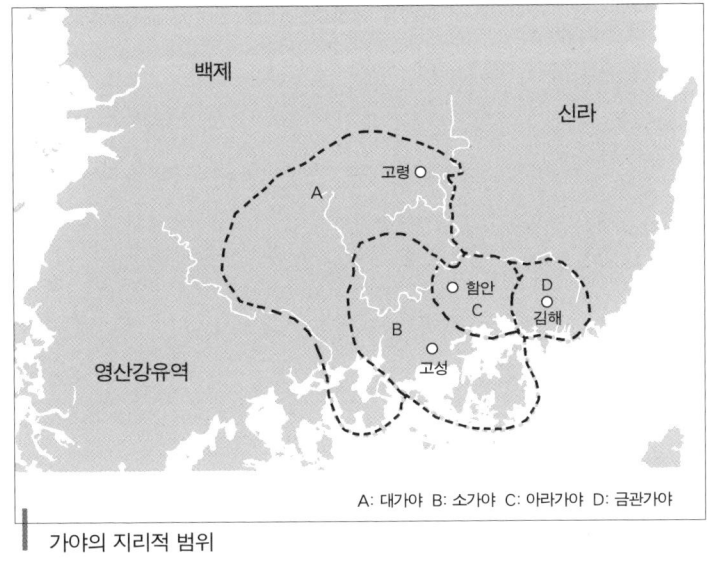

백제

신라

고령 O

A

O 함안
C

D
O
김해

B

영산강유역

O
고성

A: 대가야 B: 소가야 C: 아라가야 D: 금관가야

가야의 지리적 범위

스케치를 참고해주셨으면 한다.

1990년대 이후 한일관계사를 돌아봤을 때, 최대의 성과는 대가야와 왜의 밀접한 관계가 명확해진 것이다. 그 주역은 박천수 씨였다. 오사카대학에서 유학하면서 한일관계사에 몰두하였으며 그 성과를 1995년 「도래계문물로 본 가야와 왜의 정치적 변동」(『待兼山論集』29, 史學編)이라는 논문으로 정리했다. 당시 대학생이었던 필자는 한일관계사에 관심 갖고 있었던지라 이 논문을 매우 충격적으로 읽었던 기억이 있다.

박천수 씨는 일본열도의 고분에서 출토된 한반도계 부장품의 계보에 대해 4~5세기 전반에는 금관가야계, 5세기 후반에는 대가야계, 그리고 6세기 전반에는 백제계로 변화한다고 지적했다.

다음으로 한반도에서 일본열도계 문물이 4~5세기 전반에는 금관
가야에 집중하나 5세기 후반 이후는 대가야가 중심이 되고 6세기
전반에는 백제가 눈에 띄게 된다고 논했다.

이처럼 한일 양 지역에서 연동되는 상황을 백제, 가야, 그리고
왜를 둘러싼 정치적 변동과 상호작용의 결과로 이해하고 '금관가
야와 가와치(河內)왕권의 성립', '대가야의 성장과 유랴쿠(雄略)기
의 정치변동', '백제의 재흥과 게이타이(継体)조의 성립'이라는 획
기에 대응한다고 결론지었다(박천수 2007).

필자는 박천수 씨와 같이 왜의 교섭 상대가 단계적으로 점차
변하였다고는 생각하지 않는다. 여러 사회 속에서 다양하게 뒤섞
인 관계야말로 당시 한일관계의 본질이었다고 생각한다. 그러나
4~6세기 한일관계를 일본열도와 한반도에 할거한 사회의 동향과
관련지으면서 쌍방향으로 해석하는 관점은 박천수 씨에 의해 처
음으로 제시되었다.

대가야란

그럼 박천수 씨가 5세기 후반, 왜의 중요한 교섭 상대로 상정한
대가야는 어떤 사회일까? 한마디로 말하면 4세기 말부터 5세기
전반경 금관가야의 동요와 함께 급속하게 성장한 가야의 여러 정
치세력 가운데 하나이다. 즉 낙동강 서쪽 내륙에 위치한 고령지
역에 본거지를 두고 5~6세기 중엽에 걸쳐 광범위한 지역을 통합
한 유력한 사회이다. 그 왕릉군이 고령 지산동고분군이다.

대가야가 여러 지역을 통합하였음을 나타내는 증거로 고총고

고령 지산동고분군

분의 조영, 대가야양식 토기의 분포, 장신구와 마구의 분배를 들수 있다(이희준 2015). 좀 전에 살펴본 신라와 유사하다. 이에 따르면 대가야는 낙동강 이서지역부터 섬진강유역에 이르는 광범위한 지역을 통합하였으며, 가야로서는 유일하게 중국과 독자적으로 통교하였다. 그러나 6세기 전반이 되면 백제, 신라라는 강대한 세력 사이에서 압력을 받게 된다. 그리고 562년, 신라의 공격에 의해 멸망한다(田中 1992).

일본열도 출토의 대가야계문물

박천수 씨는 5세기 후반에 대가야와 왜의 통교가 시작되는 것으로 보았다. 이 제언이 있고 난 뒤, 20년 남짓 지난 지금도 5세기 후반에 양자의 교섭이 가장 활발하였다는 것은 많은 연구자가 동의한다. 다만 현재는 그 시기가 조금 더 거슬러 올라가 5세기 전

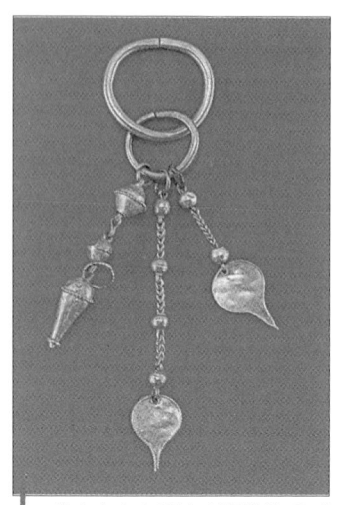

대가야의 수식부이식(합천 옥전
28호분, 경상대학교박물관)

반에 이미 대가야와 왜가 교
섭을 거듭한 것으로 보는 편
이 타당하다. 이 시기 왜에는
대가야로부터 다양한 문물이
전해지거나 그것을 만드는 기
술자가 파견되었기 때문이다.

대표적인 것으로 대가야
계의 수식부이식이 있다. 5세
기 대가야의 귀고리에는 두
가지 특징이 있다. 첫 번째는
하단의 장식으로 보주형(寶珠
形), 낚싯도구인 부표와 같은

형태, 삼익형(三翼形) 등이 있다. 두 번째는 귀에 부착하는 환과 하
단의 장식 사이를 사슬과 공옥(空玉)을 조합하여 연결한 것이다.
이러한 귀고리가 일본열도 각지에서 출토된다.

또 5세기에 한반도로부터 본격적으로 전해진 마구 가운데 대
가야계의 것이 포함되어 있다. 예를 들어 말에 올라 탈 때 발을
걸어 신체의 안정을 도모하는 등자는 크게 두 가지 종류가 있다.
첫 번째는 '단병등자'라고 불리는 것으로 병부가 굵고 짧은 것이
다. 한반도 동남부에서 주로 출토되며 금관가야와 신라의 교섭을
통해 이입되었다.

그리고 다른 하나는 병부가 좁고 긴 '장병등자'이다. 그 가운
데 병부 단면이 5각형인 등자가 있는데 이는 백제와 대가야 지역

에서 출토된다. 백제권에서는 소수파이기 때문에 주로 대가야와 교섭하는 가운데 전해졌을 것이다.

왜에서 확인되는 대가야계의 귀고리와 마구의 분포는 흥미롭다. 우선 대부분의 귀고리는 현재 미야자키(宮崎)현, 효고(兵庫)현, 후쿠이(福井)현, 지바(千葉)현 등 바다에 면한 지역의 고분에 부장되었다. 또 내륙에서도 한반도에서 건너온 집단의 묘지에서 출토되는 경우가 있다. 이에 반해 왜왕권의 본거지, 기나이에서 출토된 사례는 극히 적다. 또 마구를 보면 금관가야·신라계의 단병등자는 기나이를 중심으로 분포하는 한편, 백제·대가야계의 장병등자는 규슈를 중심으로 분포한다.

이상에서 금관가야와 신라의 교섭과는 또 다른 형태로, 5세기 전반부터 대가야와 왜의 교섭이 시작된 것을 알 수 있다.

대가야에 의한 대왜교섭

대가야의 장신구와 마구가 왜에 도입된 것은 대가야도 무언가의 목적을 가지고 왜와 교섭한 것을 나타낸다. 그 목적은 무엇이었을까?

이 물음을 해결하는 열쇠가 백제와 대가야의 관계이다. 백제가 고구려 남하에 대항하기 위해 금관가야, 왜와 동맹을 맺었다는 것은 앞서 언급했다. 더욱이 백제는 대가야에도 접근하여 금공기술 등을 제공한 것 같다. 이를 나타내듯이 대가야 초기의 장신구와 마구는 백제의 것과 유사하다. 대가야도 고구려에 대한 대응은 필요했을 터이므로 백제와 협조하면서 왜에 대해서도 우호적인 관계를 수립하고자 노력했을 것이다. 말하자면 고구려 남하로 인해 요동쳤던 금관가야를 대신하여 백제와 왜의 제휴를 주도하고자 노린 것이다.

대가야에서 건너온 사람들 – 겐자키나가토로니시유적

그리고 대가야에서 왜로 여러 사람이 건너오게 되었다. 여기서 그 족적을 엿볼 수 있는 유적을 하나만 소개하고자 한다. 군마현 다카사키(高崎)시의 겐자키나가토로니시(劍崎長瀞西)유적이다.

이 유적은 다카사키시의 서쪽, 야하타(八幡)대지의 북단에 있

ㅣ 다카사키시 겐자키나가토로니시유적 (아래쪽이 적석군이며 위쪽이 원분군)
(다카사키시교육위원회)

다. 발굴조사 결과, 중소의 원분군과 그 북동쪽의 공백지를 사이에 두고 방형의 적석총군이 확인되었다. 적석총이란 돌을 사용하여 분구를 만든 무덤을 말한다. 적석총은 조사 범위에서 8기가 확인되었다. 또 일부 취락도 확인되었다.

지금까지 연구를 통해 적석총은 한반도계 도래인들이 조영한 특징적인 무덤임이 밝혀졌다. 따라서 이 유적에서는 원래 이 지역에 살고 있던 사람들의 묘지(중소원분군)와 한반도에서 건너온 집단의 묘지(적석총군)가 구분되었던 것 같다. 그리고 8기의 적석총군 가운데 규모가 큰 10호분에서 대가야계의 수식부이식이 출토되었다. 그 피장자는 이 지역으로 건너와 정착한 도래인 집단의 유력자였을 것이다.

이외에 여러 도래인의 활동 흔적도 확인되었다. 그중 하나가 취락에서 많이 출토된 한반도계의 일상토기이다. 형태는 낙동강 서쪽 지역의 토기와 유사하지만, 재료인 흙은 유적 주변에서 채취하였

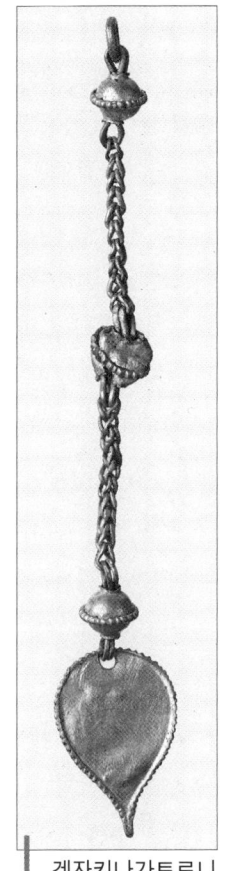

겐자키나가토로니시10호분 출토 대가야계 수식부이식(다카사키시교육위원회)

을 가능성이 크다. 따라서 도래인 집단은 이 땅에 정착한 후, 자

신의 기술로 토기를 제작한 것 같다.

또 말을 매장한 무덤도 확인되었다. 도래인 집단은 말의 생산에도 종사하였을 가능성이 있다. 매장된 말에는 재갈이 물려 있었는데 비슷한 재갈은 대가야에도 분포한다.

겐자키나가토로니시유적이 발견된 군마현은 고분시대에 가미쓰케노(上毛野)라고 불린 유력한 지역사회였다. 겐자키나가토로니시유적의 도래인 집단은 가미쓰케노의 수장층이 지역을 경영하는 데 필요한 말, 철, 치수(治水) 등의 기술을 도입하기 위해 불러들인 집단이다(若狹 2015). 10호분의 귀고리, 취락의 일상토기, 그리고 매장된 말에 물린 재갈로 보아 도래인 집단의 구성원에는 대가야 출신자가 포함되었을 가능성이 크다. 대가야와 왜의 교섭 속에서 가미쓰케노 지역으로 건너와 지역사회 성장의 일익을 맡았을 것이다.

이상으로 5세기 전반의 백제, 신라, 가야의 대왜교섭에 대해 언급했다. 고구려 남하에 의해 지금까지 왜의 주요한 교섭 상대였던 금관가야가 쇠퇴함에 따라 교섭은 다극화해간다. 신라는 고구려와 종속적인 관계를 맺으면서도 국제환경의 호전을 꾀하여 왜와 교섭한다. 백제와 대가야는 고구려 남하에 대응하기 위해 왜와 통교를 거듭했다. 이처럼 바다를 사이에 둔 왜는 정치적으로 이용가치가 높은 사회였기 때문에 각 왕권은 명확한 목적을 가지고 유대관계를 강화하고자 한 것이다.

이처럼 왕권의 외교와 연동하여 지역사회의 대왜(對倭)교섭도 이루어졌다. 일찍부터 왜와 관계가 깊었던 동래는 신라의 대왜교섭을 중개하면서도 독자적으로 교섭함으로써 그 정치·경제적인 기반을 유지했다. 한반도 서남부의 영산강유역도 활발한 대외활동을 기반으로 성장하였고 그 속에서 왜와 교섭을 거듭했다.

이상과 같이 한반도에 할거한 각 사회의 교섭 목적—한마디로 말하면 한반도 정세를 유리한 방향으로 전개할 목적—이 복잡하게 뒤얽힌 가운데 5세기 전반 한일관계는 변해간 것이다.

그럼 왜는 어떠한 목적으로, 그리고 어떤 형태로 한반도와 교섭했을까? 다음으로 이에 대해 생각해보고자 한다. 장면을 일본열도로 옮긴다.

제4절 왜왕권과 지역사회

왜의 목적은 무엇인가?

현재도 그렇지만, 다른 사회와의 교섭은 서로에게 어떠한 이익이 있으므로 성립한다. 따라서 왜도 한반도와 교섭하는 데 명확한 목적이 있었을 것이다. 지금까지는 그것을 '선진 문화의 안정적인 수용'이라고 한 마디로 요약했으나, 앞서 언급한 내용을 포함하여 좀 더 자세히 설명하고자 한다.

고분시대 사회에게 한반도계의 다양한 문화 수용과 정착이 중요하였다는 것은 이미 여러 번 설명했다. 토기·철기·금공품 등 수공업생산과 말의 생산, 농경과 토목, 난방과 취사 시설(부뚜막)

등 다양하고 새로운 정보와 기술, 도구를 한반도에서 받아들이고 취사선택한 뒤 정착시켜 갔다. 그 시기가 대략 5세기이며 이 시기는 '기술혁신의 세기'로 평가된다. 이에 대해서도 이미 언급했다.

5세기가 되면 왜왕권은 150년 만에 중국으로 사자(使者)를 보낸다. 이를 왜 5왕에 의한 견사라고 부르는데 동아시아 세계에서 왜의 입지를 확고히 하고자 한 중요한 외교였다. 다만, 이 견사는 5세기 동안 10회 정도였기 때문에 왜의 현실적인 국제관계, 말하자면 철 등의 필수물자와 선진 문화를 안정적으로 수용하기 위해서는 백제, 신라, 가야, 영산강유역 등 한반도와의 관계가 결정적으로 중요했을 것이다.

왜왕권과 일본열도 각지의 수장은 한반도와 유대관계를 통해 선진 문화를 수용하고 이를 본거지에 정착시켜 가게 된다. 그 유대관계를 안정시킴으로써 하위 수장과 지역사회의 구성원이 선진 문화를 접해 볼 기회를 제공하였다. 동시에 자신의 사회적 입지의 안정을 도모하며 나아가 주변 집단과 지역사회를 통합해 갈 수 있었다.

이는 고분에 부장된 한반도계 문물이 여실히 말하고 있다. 수장은 선진 문화를 상징하는 위세품을 보유하고 이를 사용하여 의례를 집행하였다. 이런 행위를 통해 한반도와 밀접한 관계, 그리고 여기에 뿌리 내린 위신을 자신들을 따르는 사람들에게 과시했을 것이다.

이상과 같이 왜의 수장에게 한반도계 문화의 수용과 정착은 사회적 지위의 확립, 사회 내부의 유대관계 유지, 사회를 더욱 넓게 통합하는 데 불가결한 것이었다. 이것이 왜가 한반도와 활발하게 교섭한 근본적인 목적이다.

왜의 사회

고분시대 일본열도에는 전방후원분이라는, 동아시아에서도 독특한 묘제가 축조된다. 전방후원분은 3세기 중엽에 왜왕권의 본거지인 기나이에서 채용되는데 그 후 짧은 기간 내에 규슈 남부에서 도호쿠(東北) 중부까지 넓게 확산된다. 그리고 조영이 정지되는 6세기 말까지 최대 규모의 전방후원분은 항상 기나이에 축조되었다.

이같은 전방후원분의 양상으로 보아 당시 왜 사회에는 왜왕권을 중심으로 고분의 분구 형태와 규모에 따라 지위를 서로 승인하는 정치구조가 존재한 것으로 생각되어 왔다. 이를 '전방후원분 체제'라고 부르는 경우도 있다(都出 1991).

그러나 관점을 지역사회로 옮기면 전방후원분이 급속히 확산되었다는 것은 역으로 일본열도 각지의 수장도 규모의 차이는 있으나 왜왕과 동일한 형태의 무덤을 축조할 수 있었던 것을 의미한다. 물론 전방후원분은 일본열도 각지의 지역사회에 대해 왜왕권의 우위성을 나타내지만 그것이 결정적이었다고는 할 수 없다.

따라서 왜왕권은 성립되었을 때부터 일본열도의 넓은 범위에 강고한 지배체제를 정비한 것은 아니다. 오히려 고분시대를 거치면서 점차 다른 지역사회로 정치적인 영향을 끼쳤다고 하는 것이 실태일 것이다(下垣 2012).

왜 사회를 이처럼 파악했을 때, 다양한 사료에 한반도와 교섭한 것으로 기록된 '왜'를, 항상 왜왕권과 동일하게 취급할 수는 없다. 때로는 경쟁적이었고, 때로는 협조적이었던 왜왕권과 일본열도 각지에 존재한 지역사회의 '야합(野合)'적인 관계(新納 2005), 말하자면 '오월동주(吳越同舟)'와 같은 관계로 파악할 필요가 있다.

교섭의 주체는 누구인가

이를 참고로 한반도와 교섭한 주체가 누구였는지에 대해 생각해보자. 주목할 수 있는 것은 한반도계 문물의 분포 및 계보에 공통성과 함께 다양한 지역성이 확인된다는 것이다. 한반도계 문물은 기나이지역에 집중하기보다 규슈와 세토우치, 와카사(若狹), 에치젠(越前) 등 바다에 면한 지역에 많이 분포하고 동일본에서도 확인된다.

지금까지 살펴본 5세기 전반을 예로 들면, 신라와 관계를 나타내는 용문·초엽문투조제품은 기나이와 그 주변에 집중하지만, 북부 규슈에서도 확인된다. 대가야계 귀고리는 각지에서 출토되나 반대로 기나이에서는 매우 적다. 또 금관가야·신라계의 단병등자와 백제·대가야계의 장병등자는 기나이와 규슈라는 매우 분명한 지역성이 확인된다. 이처럼 한반도계 문물의 분포와 계보는 실로 다양하다.

이 다양성은 왜왕권과 지역사회가 때로는 협력하고 때로는 경합하면서 한반도와 교섭을 거듭하였기 때문에 나타난 결과로 이해하는 편이 자연스러울 것이다. 즉 교섭의 주체는 왜왕권만이 아니라 지역사회이기도 했다.

따라서 왜왕권의 외교만이 아니라 지역사회의 교섭이 어떠하였는가를 명확하게 할 필요가 있다. 그리고 한반도와의 교섭을 둘러싸고 왜왕권과 지역사회의 역학관계가 어떻게 변화해 가는지 고민해 볼 필요가 있다.

이를 검토함으로써 비로소 왜에 의한 한반도 교섭의 실태가 부각될 것이며 동시에 왜왕권이 외교권을 장악한 뒤, 고대 국가로 변모해가는 과정도 엿볼 수 있을 것이다.

왜왕권의 외교 담당자

그렇다면 우선 왜왕권에 의한 외교에 대해 그 담당자가 누구였는가라는 관점에서 생각해보자. 이를 생각하는 데 절호의 재료가 있다. 기나이와 그 주변에 위치하는, 신라계의 용문·초엽문투조 제품을 부장한 고분이다. 그 피장자의 모습을 그려봄으로써 어떤 인물이 왜왕권의 대신라외교를 담당하였는지에 대해 추적해보고자 한다.

우선 초대형 전방후원분을 둘러싸듯이 축조된 중소고분이 있다. 예를 들어 오사카부 가미이시즈(上石津) 미산자이(ミサンザイ) 고분은 분구의 길이가 365m에 달하는, 일본열도에서 세 번째로 큰 전방후원분이다. 이에 접하여 축조된, 직경 50m 정도의 원분 시치칸(七観)고분에서 용문투조의 대금구가 출토되었다. 그리고 분구의 길이가 425m, 일본열도에서 두 번째로 큰 오사카부 곤다고뵤야마(誉田御廟山)고분에 접한 곤다마루야마(誉田丸山)고분에서도 용문·초엽문투조제품이 출토된 것으로 전해지는데, 이것은

근처의 곤다하치만(誉田八幡)신궁에 보관되어 있다.

시치칸고분, 곤다마루야마고분은 모두 직경 50m정도의 원분으로 당시 왜왕 정도의 계급에 해당하는 사람이 매장된 초대형 전방후원분에 부속된 것처럼 축조되었다. 이러한 중소원분을 '배총(陪塚)'이라 부른다. 전방후원분과 배총의 관계로 보아, 배총에 매장된 사람은 왜왕, 혹은 이에 준하는 지위에 있었던 사람이 실시한 정무(政務)와 권력의 집행을 보좌하고 있었던 듯하다.

따라서 배총인 시치칸고분과 곤다마루야마고분에 용문·초엽문투조제품이 부장된 것을 통해 그 피장자는 왜왕권에 속하였으며 한반도 외교를 책임지고 관리했던 관료와 같은 존재였음을 알 수 있다.

다음으로 교통의 요충지에 위치하는 고분에 용문·초엽문투조제품이 부장된 사례가 있다. 나라현 고죠네코쓰카(五条猫塚)고분과 시가(滋賀)현 신카이(新開)1호분이다. 고죠네코쓰카고분은 기노카와(紀ノ川) 상류에 위치하는데 이 지역은 야마토분지에서 기노카와를 내려와 세토나이카이로 나갈 때 반드시 거쳐야 한다. 신카이1호분도 비와코(琵琶湖)와 그리 멀지 않으며 야마토와 가와치에서 동해 쪽의 와카사(若狭)만에 이르는 교통로의 요충지에 조영되었다. 이러한 고분에 묻힌 사람은 교통의 요충을 장악하여 하천, 호상(湖上)교통에 능숙한 집단의 수장이었을 가능성이 크다. 고죠네코쓰카고분에서는 매우 다양한 한반도계의 부장품이 확인되기 때문에 한반도에서 현지로 도래, 정착하여 수장층으로 성장한 인물이 묻혔을 가능성도 고려해야 한다.

그리고 제2절에서 '신라계 도래인의 무덤'으로 이해한 나라현 니이자와센쓰카126호분에서도 용문을 투조한 금제방형판이 출토되었다. 이 고분에 묻힌 사람은 신라의 습속에 따라 매장된 신라계 도래인일 가능성이 크며 신라왕권과 교섭 목적을 대변한 '質(볼모)'과 같은 인물이었을 것이다.

이상과 같이 용문·초엽문투조제품이 부장된 고분으로 보아 대신라외교를 담당한 자의 모습을 다음과 같이 그려볼 수 있다.

① 왜왕권의 외교에 종사한 관료와 같은 계층

② 하천, 호상교통에 능숙한 왕권 주변의 수장층

③ 왕권중핵에서 '質'과 같은 역할을 담당한 도래인

왜왕권은 이러한 사람들을 등용하여 외교조직을 편성함으로써 한반도 사회와 외교를 거듭했다.

세토우치와 북부 규슈

그럼 지역사회의 교섭은 어떠하였을까? 이를 생각하기 위해서는 각 지역에서 확인되는 한반도계 문물의 양상만이 아니라 지역사회의 구조, 한반도와 떨어진 거리, 그리고 왜왕권과의 관계를 생각해 볼 필요가 있다(高田 2014). 본서에서는 특히 활발하게 교섭한 북부 규슈와 세토우치에 주목해본다. 우선 북부 규슈이다.

제5절 외교의 참가와 독자적 교섭 – 북부 규슈

니시신마치유적이 쇠퇴한 이후의 북부 규슈

전장에서 본 것처럼 현해탄 연안에 위치한 교역항 니시신마치유적은 4세기대에 급속히 쇠퇴한다. 그 배경에 금관가야와 직접 교섭하고자 한 왜왕권의 의도가 있었다.

그러나 그 후도 현해탄 연안에는 한반도계 자료가 확인되므로 새로운 교역의 거점이 형성되어 있었던 것 같다. 유력한 후보로 사와라(早良)평야의 서남부에 위치한 요시타케(吉武)유적군 일

후쿠오카현 다나바타이케고분의 수혈식석실
(시메정교육위원회)

대를 들 수 있다(重藤 2012). 취락에서는 한반도계 토기가 많이 출토되었으며 주조철부, 쌍용문환두대도, 초기마구 등 한반도계의 다양한 문물이 부장된 고분도 축조되었다.

그리고 제1절에서 소개하였듯이 한반도 남서해안의 왜계고분에서는 북부 규슈계의 매장시설을 채용하였다. 그 표본이 후쿠오카현

다나바타이케(七夕池)고분이다. 다나바타이케고분의 분구에서는 영산강유역의 토기가 출토되었으므로 이 지역에서 건너온 사람들이 고분의 조영과 매장의례에 참여하였을 가능성도 있다.

이처럼 5세기에 들어서서 북부 규슈는 활발한 교섭 활동을 전개해갔다.

왜왕권의 외교 참가 – 쓰키노오카고분의 사례로부터

5세기 전반에 북부 규슈가 한반도와 어떻게 교섭하였는가를 생각하는데 주목할 수 있는 고분이 있다. 바로 후쿠오카현 쓰키노오카(月岡)고분이다. 전장 80m의 전방후원분으로 당시 북부 규슈의 대수장분 중 하나이다. 매장시설은 석관을 안치한 수혈식석실로 내부가 일찍 발굴되었다. 그 결과 신라계의 용문·초엽문투조대금구와 백제·대가야계의 장병등자를 비롯하여 다양한 한반도계 부장품이 출토되었다.

쓰키노오카고분이 위치한 지역은 지쿠고(筑後)평야의 동부에 해당하며 우키하(浮羽)라고 불린다. 아리아케카이(有明海)에서 지쿠고카와(筑後川)를 거슬러 올라가 분고(豊後)까지 이르는 동서의 교통로와 하카타만에서 내륙으로 가는 남북 교통로가 교차하는 요충지이다. 쓰키노오카고분 주위에는 한반도계 토기와 선진적 농구인 U자형삽날, 그리고 동래지역과 관련성을 나타내는 청동제 삼루환두 등이 출토되었다. 취락의 구성원 중에는 이 땅에 정착한 도래인이 포함되었을 가능성이 크다. 이를 산하에 둔 쓰키노오카고분의 피장자가 한반도계의 여러 사회와 지속적으로 교섭한 것은 틀림없을 것이다.

쓰키노오카고분의 다양한 요소에는 왜왕권과 밀접한 관계를 나타내는 것도 적지 않다. 그중 하나로 '나가모치(長持)형 석관'이 있다. 나가모치형 석관이란 저석(底石), 장측석(長側石) 2매, 단측석(短側石) 2매, 개석 등 총 6매의 판석을 조합하여 만든 상자형 석관이다. 그 형태가 나가모치(역자주: 근세 일본에서 사용된 장롱과 같은 민구(民具))와 닮아 나가모치형 석관이라고 불린다. 개석, 장측석, 저석에 돌기가 붙은 것이 특징적이다. 기나이에서는 5세기 대형고분에 이 석관이 사용된다. 예를 들어 일본열도 최대의 전방후원분인 다이센(大仙)고분에도 전방부의 수혈식석실에 나가모치형 석관이 안치되어 있다. 이처럼 왜왕권에서 사용한 관을 수혈식석실에 안치한 사례는 북부 규슈에서 쓰키노오카고분 외에는 없다.

또 금동으로 빛나게 장식한 갑주를 부장한 것과 기나이와 매우 닮은 하니와를 분구에 두르는 것도 왜왕권과 깊은 관련이 있음을 나타낸다.

따라서 쓰키노오카고분의 피장자와 이를 축조한 집단은 왜왕권과 긴밀히 연계한 가운데 한반도와 교섭을 거듭했다고 생각할 수 있다. 아마 일찍부터 한반도와 밀접히 관련있었던 우키하의 수장이 왜왕권과 관계를 가지면서 외교에 참가하는 형태로 선진문화를 안정적으로 입수하고 있었을 것이다. 반대로 왜왕권은 대외교섭에 능통한 지역수장을 받아들여, 안정적인 외교를 추진하고자 하는 의도가 있었을 것이다.

독자적 교섭 - 쓰쓰미하스마치고분 사례

한편 북부 규슈에서 독자적으로 교섭한 피장자의 모습을 그릴 수 있는 고분도 있다. 우키하지역에서 그리 멀지 않은 아사쿠라(朝倉)지역에 축조된 아사쿠라시 쓰쓰미하스마치(堤蓮町)고분군이다. 특히 1호분은 직경이 20m가 채 되지 않는 작은 원분임에도 불구하고 동래와 관련성을 나타내는 청동제 삼루환두와 백제계의 귀고리가 출토되었다. 이 귀고리는 서장에서 소개한 메기시마 마루야마고분의 것과 같은 형식이다.

2호분에서는 스에키가 출토되었다. 의외라고 생각할지도 모르겠지만, 고분의 매장시설에 토기를 부장하는 것 자체가 한반도에서 건너온 새로운 장송 의례이다. 4세기까지 왜의 고분에서는 토기가 거의 출토되지 않는다. 이에 반해 한반도에서는 일찍부터 토기를 고분에 부장했다.

쓰쓰미하스마치고분군의 주위에는 수장분의 쓰쓰미토쇼우지(堤当正寺)고분(전장 70m정도의 전방후원분)과 초기 스에키를 생산한 아사쿠라고요지군(朝倉古窯址群), 그리고 그 조업에 종사한 도래인 집단의 묘지인 이케노우에(池の上)·고데라(古寺)고분군이 있다. 이미 언급한 것처럼 스에키는 한반도와의 교섭 속에서 왜에 정착된 토기이다. 5세기 전반에는 이를 굽는 가마가 서일본 각지에 점재하게 되었고 그 조업에는 도래인 집단의 관여가 필요했다.

쓰쓰미하스마치고분군의 피장자는 스에키생산에 관여한 도래인 집단의 리더와 같은 입장이었던 것 같다. 그리고 부장품으로 보아 백제와 동래 등 한반도의 여러 지역과 관계를 맺고 있었

후쿠오카현 쓰쓰미하스마치고분군(위)과 1호분에서 출토된 청동제
삼루환두(오른쪽) 및 백제계이식(왼쪽) (아사쿠라시교육위원회)

다. 이처럼 아사쿠라지역에서 쓰쓰미토쇼우지(유력수장층)—쓰쓰미하스마치(도래인 집단의 리더)—이케노우에·고데라(도래인 집단)라고 하는 관계를 이해할 수 있다.

이러한 지역사회와 한반도의 관계를, 왜왕권의 외교와 직접 연결 짓기는 어렵다. 그보다는 쓰키노오카나 쓰쓰미토쇼우지와 같은 대형 전방후원분에 묻힌 지역수장이 지속적으로 독자적인 교섭을 거듭한 결과, 한반도의 다양한 문화가 지역사회로 반입되었다고 생각하는 것이 자연스러울 것이다. 그리고 쓰쓰미하스마치고분군의 피장자와 같이 한반도와 관련있던 사람들이 대외교섭을 직접 담당하고 있었을 것이다.

지역사회의 두 가지 교섭 형태

이처럼 북부 규슈 지역사회의 교섭에는 크게 두 가지 형태가 있었다. 첫 번째는 왜왕권이 주도하는 외교에 적극적으로 참여하면서 자신의 목적을 달성하는 형태이다. 두 번째는 대외활동에 능숙한 집단을 산하에 두고, 독자적으로 교섭을 추진하는 형태이다.

이 두 가지 교섭 형태는 다음에 소개하는 세토우치지역에서도 확인할 수 있다. 나아가 5, 6세기 일본열도 각지의 지역사회에서도 기본적으로 확인된다. 단, 왜왕권과의 관계를 중요시할지, 아니면 독자적인 교섭을 중요시할지에 관해서는 지역사회마다 차이가 있었다(高田 2014).

제6절 네트워크의 활용 – 세토우치

세토나이카이 – 해상교통의 장

일찍부터 세토나이카이는 서쪽의 규슈와 동쪽의 기나이를 잇는 해상교통의 장이었다. 세토나이카이로 흐르는 하천의 하류역과 바다에 점재하는 섬에는 여러 고분이 축조되었고 그 피장자와 산하의 집단은 세토나이카이, 여기서 이어지는 하천과 육로를 활용함으로써 일본열도 각지와 밀접하게 연결되어 있었다. 더욱이 규슈와 기나이 못지않게 한반도계 문물이 풍부하게 출토되어 한반도와도 관련된 것을 알 수 있다.

하리마의 한반도계고분

5세기 전반, 한반도와 지속적으로 교섭한 세토우치의 지역사회 중 하나로 하리마(播磨)를 들 수 있다. 특히 효고현 히메지(姫路)시 미야야마(宮山)고분, 가코가와(加古川)시 간스쓰카(カンス塚)고분, 그리고 이케지리(池尻)2호분은 이 지역의 대표적인 한반도계 고분이다. 고분의 성격을 명확히 하여 하리마와 한반도의 관계에 대해서 생각해보고자 한다.

　　미야야마고분은 직경 30m 정도의 원분, 간스쓰카고분도 직경 30m 정도의 원분으로 방형의 제단을 갖추고 있다. 이케지리2호분의 분구는 명확하지 않으나 규모는 비슷한 듯하다. 모든 고분에 다종다양한 한반도계 문물이 부장되었다. 뿐만 아니라 매장시설은 낙동강 하류역, 특히 동래에서 계보를 구할 수 있는 수혈식

132_ 한반도에서 바라본 고대일본

석실을 채용하였다. 석실 내에 안치한 목관을 조립하는 데 관정과 꺾쇠를 사용한 것도 특징적이다. 관정과 꺾쇠도 5세기에 한반도로부터 전해진 도구이다. 그리고 토기를 고분에 부장하는 새로운 장송 의례도 이루어진다.

더욱이 미야야마고분에서는 '순장'이 이루어졌을 가능성도 있다. 순장이란 주인이 죽었을 때 그 종자(從者)도 함께 묻는 것이다. 미야야마고분(제2주체부)에서는 대가야계의 귀고리와 경식이 석실의 동측에서 출토되어 주인의 머리 위치를 추정할 수 있었다. 이와는 별도로 석실의 서측, 주인의 발치 부분에 귀고리+소옥류(드리개 혹은 의복의 장식)+대금구라는 장신구 세트가 확인되었다. 따라서 주인과는 별도로 또 다른 사람이 매장된 것으로 볼 수 있다.

이 석실의 서측에 묻힌 사람은 주인의 종자였을 가능성이 크므로 순장이 이루어졌을 것이다. 순장은 한반도 남부의 유력자가 무덤에 묻힐 때 빈번하게 이루어졌으나 왜에서는 거의 확인되지 않는다. 순장도 한반도에서 건너왔으나 일본열도에 정착되지 않은 새로운 장송행위일 것이다.

일본열도를 조망해 보면 미야야마, 간스쓰카, 이케지리2호분은 낙동강하류역 묘제의 영향을 가장 강하게 받은 고분으로 평가할 수 있다. 그리고 이 고분들의 주변에는 부뚜막을 설치한 주거지와 한반도계 토기가 출토된 취락도 확인되므로 피장자는 한반도에서 하리마지역으로 건너온 집단의 리더, 혹은 그 도래인 집단과 매우 밀접한 관계가 있던 중소수장이었다.

그럼 하리마지역의 교섭 형태는 어떠하였을까?

지역수장과 도래인 집단

주목할 수 있는 것은 3기의 고분 주변에 지역사회를 통솔한 수장이 묻힌 고분이 있다는 것이다(龜田 2004). 우선 간스쓰카와 이케지리2호분은 세토나이카이로 흐르는 가코가와(加古川) 하류의 서안에 위치하는데 이 일대를 통합한 수장의 무덤이 교자쓰카고분(전장 99m의 전방후원분)이다. 이미 전장에서 소개했듯이 4세기 후반부터 5세기 초에 축조된 이 고분에서는 후원부의 시설에서 진식대금구와 초기마구 등 금관가야와 교섭하는 가운데 입수한 부장품이 확인되었다. 또 주조철부, 철정, 단야구 등 특히 철기 생산과 관련된 문물도 부장되어 있었다.

교자쓰카고분에 묻힌 수장은 한반도와 밀접하게 관련을 맺고 있었으며 철기 생산 기술을 보유한 도래인 집단을 거느리고 있었을 것이다. 따라서 교자쓰카고분와 간스쓰카고분, 이케지리2호분을 통해 가코가와 수장과 그 배하에 있는 도래인 집단이라는 관계를 읽어낼 수 있다.

또 미야야마고분은 세토나이카이로 흐르는 이치카와(市川)의 하류역에 위치하는데 그 주위에는 이 일대를 통합한 수장의 묘인 단죠잔(檀場山)고분(분구 길이 142.8m의 전방후원분)이 있다. 단죠잔고분의 매장시설은 나가모치형 석관이다. 단죠잔고분과 미야야마고분을 통해서도 지역수장과 그 배하에 있는 도래인 집단이라는 관계를 이해할 수 있다.

이상과 같이 하리마지역에서는 유력수장(교자쓰카고분와 단죠잔고분)의 교섭 활동으로 도래인 집단이 그 지역에 정착하였고 그

집단을 통솔하던 것이 미야야마, 간스쓰카, 이케지리2호분의 피장자였다.

기비지역의 상황

덧붙여 지금 오카야마(岡山)현을 중심으로 한 기비(吉備)에도 같은 상황을 생각해 볼 수 있다. 5세기 전반의 기비라고 하면 분구 길이 360m로, 일본열도 제4위의 규모를 자랑하는 전방후원분, 오카야마시 쓰쿠리야마(造山)고분이 저명하다. 이 쓰쿠리야마 주위에 하리마 세 고분과 유사한 고분이 축조되었다. 소우자시(総社)시 즈이안(随庵)고분이다. 매장시설은 한반도계 수혈식석실로 꺾쇠로 조립한 목관을 안치하였으며 초기마구와 단야도구 등 풍부한 부장품이 묻혀 있다.

또 주변에는 초기스에키와 철기공방도 확인할 수 있다. 역시 지역수장과 도래인 집단을 통솔한 장이라는 관계를 읽어낼 수 있다. 기비의 독자적인 교섭 활동을 반영할 가능성이 크다.

왜왕권과 관계

다만, 하리마와 기비의 교섭 활동이 항상 독자적이며 왜왕권의 동향과 관계가 없었던 것으로는 볼 수 없다. 예를 들어 교자쓰카고분의 피장자는 왜왕권과 금관가야의 교섭에서 중요한 역할을 담당한 것은 틀림없다. 또 단죠잔고분의 나가모치형 석관은 북부규슈의 쓰키노오카고분과 같이 왜왕권과의 밀접한 관계를 나타낸다. 그리고 기비의 대수장인 쓰쿠리야마고분의 피장자는 그 분구의 규모로 보아 왜왕권의 일익을 담당하는 입장이었다.

따라서 세토우치에서도 북부 규슈와 마찬가지로 독자적 교섭 이외에 왜왕권의 외교에도 적극적으로 참여하는 교섭 형태가 있었다.

도래계 수혈식석실의 특징

지금까지 소개한 4개의 한반도계 고분(미야야마, 간스쓰카, 이케지리 2호, 즈이안)은 낙동강 하류역의 영향으로 생각되는 수혈식석실을 공통적으로 채용하고 있다. 실은 세토우치지역에서는 5세기대에 이러한 한반도계의 수혈식석실이 활발히 축조되었다. 이를 단서로 세토우치지역 교섭의 특색을 좀 더 구체적으로 살펴보고자 한다. 우선 한반도계의 수혈식석실을 특징을 정리한다. 크게 세 가지이다.

첫 번째는 분구의 조성, 석실의 구축, 그리고 장송 의례의 순서이다. 전통적인 수혈식석실을 채용한 고분은 우선 분구를 축조한 후에 그 중앙부에 묘광을 파서 석실을 설치하고, 여기에서 장송 의례가 이루어진다. 즉 분구 → 석실 → 장송 의례의 순이다. 석실은 분구 정상에서 조금 내려온 곳에 위치한다. 이에 반해 한반도계 석실을 채용한 고분에서는 우선 석실을 구축하여 장송 의례를 실시하고 마지막으로 분구를 축조하므로 석실 → 장송 의례 → 분구의 순이다. 따라서 석실이 분구의 깊은 곳에 위치하는 경우가 많다.

두 번째는 관과 석실을 설치하는 순서이다. 전통적인 수혈식석실의 경우, 먼저 사자(死者)를 묻은 목관이나 석관을 설치한 후, 그 주위에 석실의 네 벽을 쌓는다. 이에 반해 한반도계 수혈식석실은 우선 석실을 쌓은 후 시상을 정리하고 목관을 설치한다. 양자는 관과 석실을 설치하는 순서가 반대인 것이다.

그리고 세 번째로 석실의 형태와 구축하는 기술이 낙동강 하류역, 특히 동래지역의 수혈식석실과 서로 닮아있다. 크기는

간스쓰카고분의 수혈식석실(가코가와시교육위원회)

물론 평면의 폭이 넓은 점, 네 벽을 거의 수직으로 쌓은 점, 벽석과 벽석 사이에 백색의 점질토를 충전한 것도 공통적이다. 더욱이 석실 안에 안치한 목관의 조립에 꺾쇠와 관정을 사용한 사례도 많다.

이상과 같은 특징이 확인되는 석실은 주로 낙동강 하류 및 이 동지역과의 관계 속에서 도입되었으며 지역 속에서 변용된 새로운 매장시설이다. 이를 필자는 '도래계 수혈식석실'이라고 부른다 (高田 2014).

세토우치에 보급된 도래계 수혈식석실

5세기에 왜로 새롭게 전래된 한반도계의 대표적인 매장시설은 횡혈식석실이다. 횡혈식석실은 피장자를 안치한 공간(현실)에 옆으로 들어가는 것이 특징적이며 현실에 이르는 통로(연도)가 붙어 있다. 따라서 처음 매장된 후에도 여러 차례에 걸쳐 매장이 가능하다. 이를 추가장이라고 한다. 매장을 단 한 번만 하는 수혈식석실과 크게 다르므로 횡혈식석실의 도입에는 장송 관념의 변화도 포함되어 있다.

횡혈식석실을 가장 일찍 받아들인 곳이 북부 규슈였다. 대략 4세기 후반에는 백제로부터 그 사상을 받아들여 자신의 묘제로 채용했다. 또 북부 규슈에 비해 느리나 기나이에서도 5세기 후반에는 백제계의 횡혈식석실을 채용하였고 그 후에 '기나이형'이라고 불리는 횡혈식석실이 성립되었다.

이에 반해 세토우치에서는 횡혈식석실의 보급이 꽤 늦다. 예를 들어 기비의 경우, 5세기 전반에 규슈계의 석실이 단발적으로 조영된 사례도 있으나 정착되지는 않았다. 널리 보급된 것은 기나이형의 횡혈식석실이 전해진 6세기 전반부터이다.

이러한 횡혈식석실과는 대조적으로 도래계 수혈식석실은 5세기에 세토우치를 중심으로 보급된다. 현재까지 20여 기의 고분이 확인된다. 따라서 횡혈식석실이 왜에서 보급되기 시작할 즈음, 세토우치지역에서는 횡혈식석실보다 오히려 도래계 수혈식석실을 적극적으로 도입한 것이다.

좀 전에 살펴본 분구, 석실, 관, 그리고 장송 의례의 순서를 단순화하면 전통적인 수혈식석실이 '분구 → 매장(관 → 석실) → 장송 의례'인 것에 반해 도래계 수혈식석실은 '매장(석실 → 관) → 장송 의례 → 분구'로 장송의 순서가 근본적으로 다르다. 따라서 세토우치에서 도래계 수혈식석실의 보급도 횡혈식석실와 마찬가지로 장송 관념의 변화를 포함한 큰 움직임이었다.

네트워크의 활용

세토우치에는 도래계 수혈식석실 외에도 한반도계의 매장시설이 점재한다. 바로 목곽이다. 이미 제2절에서 가가와현 와라마6호분을 소개했지만 목곽도 도래계 수혈식석실과 마찬가지로 낙동강 하류역으로부터 받아들인 것이다. 그리고 세토나이카이의 연안과 바다로 이어진 하천가에는 한반도계 토기와 부뚜막이 설치된 주거지를 확인할 수 있는 취락, 철기와 초기스에키 공방 등이 확인되었다.

이상과 같은 상황으로 보아 세토우치 지역에는 선진 문화와 관련된 사람, 물건, 정보가 왕래하는

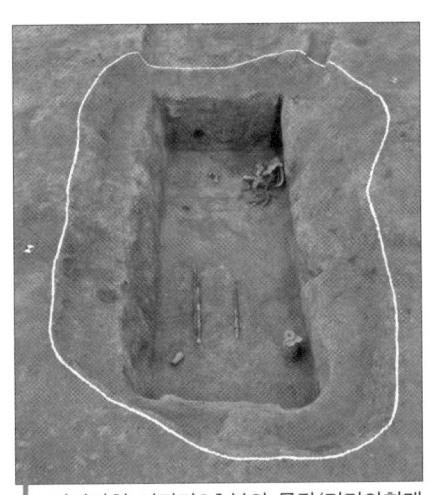

가가와현 와라마6호분의 목곽(가가와현매장문화재센터)

네트워크가 형성되어 있었던 것은 확실하다. 이는 해촌 네트워크를 기초로 했을 것이다.

세토우치 각지의 지역집단은 이 네트워크를 활용하면 효율적으로 한반도계의 문화를 수용할 수 있었다. 또 다양한 사정으로 한반도에서 왜로 건너온 사람들, 그리고 백제, 신라, 가야, 영산강 유역에서 파견된 외교사절단도 네트워크를 활용하면 더욱 원활하게 목적지로 항행할 수 있었다.

이러한 네트워크가 아마 세토우치만이 아니라 일본열도의 각지로 퍼졌으며, 나아가 한반도까지도 이어졌을 것이다. 제1절에서 소개한 한반도 서해안의 네트워크도 그 일례이다. 왕권 간의 외교가 활발하였던 5세기에도 야요이시대 이래 지속된 네트워크가 일본열도와 한반도 유대관계의 기초였던 것이다.

왜의 유력한 지역사회는 이를 적극적으로 활용하여 한반도에서 온 사절, 도래인 집단과 관계를 맺고 자신들도 사신을 파견함으로써 한반도와 교섭하고자 했다. 이것이 5세기 한일관계의 큰 특징이라고 할 수 있다. 역으로 외교권의 장악을 꾀한 왜왕권의 입장에서 보면 이 네트워크를 어떻게 장악해 나가는가가 중요한 과제였다.

그리고 다음 5세기 후반에서 6세기 전반, 왜는 지역사회의 독자적 교섭을 억제하기 위해 실력행사를 단행한다. 이에 대해서는 다음 장의 후반에서 검토하기로 하겠다.

::

인용 · 참고문헌

한국어

국립나주문화재연구소, 2014a, 『고흥 야막고분』.

국립나주문화재연구소, 2014b, 『고분을 통해 본 호남지역의 대외교류와
　　　　연대관』제1회 고대고분국제학술대회.

박천수, 2007, 『새로 쓰는 고대 한일교섭사』, 사회평론.

신경철, 1995, 「삼한 · 삼국시대의 동래」, 『동래구지』, 동래구.

신경철 · 김재우, 2000, 『김해대성동고분군 I 』, 경성대학교박물관.

이영철, 2011, 「고흥 장덕리 장동에서 확인된 다장 분구묘 전통의 제형
　　　　고분 축조 배경과 문제」, 『고흥 장덕리 장동유적』, 고흥군 ·
　　　　대한문화유산연구센터.

이희준, 2007, 『신라고고학연구』, 사회평론.

이희준, 2015, 「지산동고분군과 대가야」, 『고령 지산동 대가야고분군』,
　　　　대가야박물관.

일본어

諫早直人, 2012, 『東北アジアにおける騎馬文化の考古学的硏究』, 雄山閣.

李成市, 1994, 「表象としての広開土王碑文」, 『思想』842, 岩波書店.

亀田修一, 2004, 「播磨北東部の渡来人─多可郡を中心に─」, 『考古論
　　　　集』, 河瀨正利先生退官記念論文集.

重藤輝行, 2012, 「九州に形成された馬韓・百済人の集落—福岡県福岡市西新町遺跡を中心として—」, 중앙문화재연구원편, 『마한・백제 사람들의 일본열도 이주와 교류』, 서경문화사.

下垣仁志, 2012, 「考古学からみた国家形成論」, 『日本史研究』600.

高田貫太, 2014, 『古墳時代の日朝関係—百済・新羅・大加耶と倭の交渉史—』, 吉川弘文館.

田中俊明, 1992, 『大伽耶連盟の興亡と「任那」』, 吉川弘文館.

田中俊明, 2009, 『古代の日本と加耶』日本史リブレット70, 山川出版社

都出比呂志, 1991, 「日本古代の国家形成論序説—前方後円墳体制の提唱—」, 『日本史研究』343.

新納泉二, 2005, 「経済モデルからみた前方後円墳の分布」, 『考古学研究』52-1.

朴天秀, 1995, 「渡来系文物からみた伽耶と倭における政治的変動」, 『待兼山論叢』29, 史学篇, 大阪大学文学部.

若狭 徹, 2015, 『東国から読み解く古墳時代』, 吉川弘文館.

한반도에서
바라본
고대일본

海の向こうから見た倭国

한반도에서
바라본
海の向こうから見た倭国
고대일본

제3장

왕권의 흥망과 관계의 재편
5세기 후반~6세기 전반

5세기 후반부터 6세기 전반에 걸쳐 한반도의 정세는 긴박하게 돌아간다. 백제는 고구려에 의해 수도가 함락되면서 멸망 위기에 처하지만 우여곡절 끝에 부흥을 이루어 세력을 회복한다. 신라는 고구려의 종속에서 벗어나 크게 성장하고 가야를 침공한다. 그리고 가야의 경우, 금관가야가 쇠퇴하는 한편 대가야가 세력을 확장하나 결국은 모두 멸망한다.

이러한 격동의 정세 속에서 백제, 신라, 대가야, 영산강유역은 왜와 활발하게 교섭을 거듭한다. 왜와 우호적인 관계를 맺는 것이 자신의 국제환경을 호전시키는 데 유리하다고 생각했기 때문이다. 이로 인해 당시 교섭의 형태는 서서히 왕권이 주도하게 된다. 왜도 선진 문화를 안정적으로 수용하기 위해 활발하게 교섭

백제, 신라, 왜의 교섭을 알 수 있는 고분

활동을 전개하는데 점차 왜왕권이 지역사회의 독자적인 교섭을 제압하고 외교권의 장악을 시도하게 된다.

이 시기야말로 한일관계의 최전성기이며 동시에 왕권 간의 교섭이 관계의 중심이 되는 시기이기도 하다. 서로의 교섭 목적이 복잡하게 얽혀 있는 한일관계를 각 사회의 입장에서 조금씩 풀어보고자 한다. 이야기가 꽤 복잡하게 전개되겠으나 함께 해주셨으면 한다. 우선 백제이다.

제1절 백제의 멸망 · 부흥과 왜

백제의 멸망과 부흥

백제의 최대 과제는 여전히 고구려의 남하를 어떻게 대비하는가였다. 433년에는 고구려의 압박에 대항하기 시작한 신라와 손을 잡고 고구려의 공격에 공동으로 대응한다. 또 왜와도 양호한 관계를 유지하기 위하여 461년에 왕의 아우인 곤지를 '質(볼모)'로 왜로 보내고 왜의 출병을 획책(劃策)한다.

그러나 고구려의 끊임없는 침공으로 백제는 피폐해지며 곤경에 처하게 된다. 이 위기를 타개하고자 427년, 고구려와 관계가 깊은 중국 북위로 사신을 보내 고구려 정벌을 요청하였으나 성사되지 않고 끝났다. 결국, 475년 고구려가 대규모로 백제를 공격하여 백제왕도 한성(현재의 서울)을 함락시키고 백제의 개로왕을 붙잡아 살해한다. 백제는 멸망 위기에 처하게 되었다.

그럼에도 국난을 어렵게 극복한 문주(文周)에 의해 백제는 금강유역의 웅진(현재 충청남도 공주시)에서 부흥을 이룬다. 그러나 유력귀족

웅진고지(금강과 공산성)

의 반란이 잇달아 일어나 내우외환의 위기를 맞게 된다. 그런 가운데 문주왕도 살해된다. 이를 가까스로 진압하고 동성왕대가 되면 백제의 정책은 점차 안정화되어 간다. 계속되는 고구려의 공격에도 신라와 공동대처가 주효했다. 481년에는 대가야와 함께 신라에 원군을 파견할 정도로 세력을 회복했다.

이러한 백제의 부흥에는 왜의 협력이 있었던 것 같다. 예를 들어 『日本書紀』雄略23년(479)조의 기록에 의하면 왜에서 태어난 것으로 보이는 말다(末多, 곤지의 아들)가 '筑紫国軍事五百人'의 경호를 받으며 백제로 돌아와 동성왕으로 즉위하게 된다.

다만 동성왕대의 후반에는 수해와 기근에 의해 국내정세가 불안정하였으며 동성왕 자신도 정변에 의해 배제된다. 그 후 무령왕이 즉위하여 23년에 걸쳐 나라를 다스리면서 간신히 백제는 안정기에 접어든다.

이상과 같이 사료로 보아 5세기 후반에 백제와 왜는 확실히

우호적인 관계였던 것 같으나 그 관계가 얼마나 백제의 대고구려 정책에 유효하였는가에 대해서는 의문이 든다. 또 백제가 협력을 요청한 곳은 왜만이 아니었다. 중국으로 사신을 보내 고구려를 견제하거나 신라, 대가야와 연합하여 고구려를 격퇴하기도 했다. 백제의 대왜교섭은 다양한 외교정책의 일환에 지나지 않았다고도 할 수 있을 것이다.

백제의 다원적인 외교와 왜 - 신봉동고분군

그러나 5세기 후반, 백제와 왜의 관계를 나타내는 유적이 백제권의 여러 유적에서 확인되고 있다. 대표적인 사례가 현재 충청북도 청주시에 있는 신봉동고분군이다. 고분 가운데 5세기 후반의 대형분인 90B-1호분에서 왜계의 갑옷(삼각판병유단갑)과 철촉, 그리고 스에키가 출토되었다.

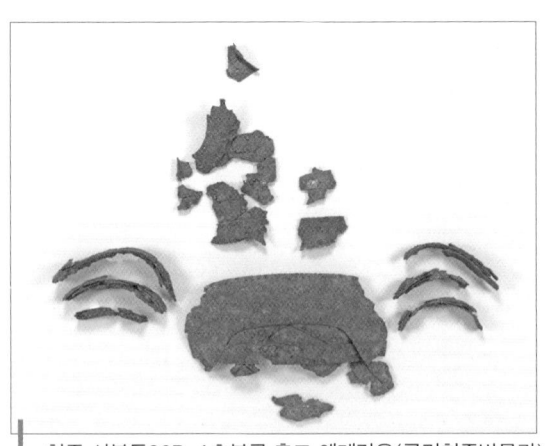

청주 신봉동90B-1호분군 출토 왜계갑옷(국립청주박물관)

청주지역은 내륙의 요충지로 금강을 따라 비교적 쉽게 서해안으로 나갈 수 있다. 이 때문에 백제왕권도 이 지역을 중요시하였으며 5세기에는 왕권과 유대관계를 맺은 유력한 지역사회도 존재하고 있었다. 그 중심묘지가 신봉동고분군이다. 그 가운데서도 대규모인 90B-1호분에서 왜계문물이 출토된 배경을 어떻게 생각하면 좋을까?

이 물음에 대답하기 위해서는 다음과 같은 특징에 주목해야 한다.

① 90B-1호분은 다른 고분과 혼재된 상태로 입지한다. 또 백제왕권과 관련있는 마구도 출토되었다.
② 고분군에서는 대가야와 경상남도 서부(소가야)에서 계보를 구할 수 있는 부장품도 확인된다.
③ 이러한 문물이 부장된 시기는 대략 5세기 중엽부터 후반이다.
④ 청주는 백제의 수도였던 한성에서 가야로 향하는 육로에 위치한다.

①~④의 특징으로 보아 신봉동고분군을 조영한 집단은 왜만이 아니라 대가야와 경남 서부(소가야)와도 관계를 맺고 있었음을 알 수 있다(성정용 2013). 아마 백제왕권과 왜·가야와의 외교를 중개하는 역할을 담당했을 것이다.

왜계무장을 갖춘 피장자란

백제권에서는 신봉동90B-1호분 외에도 5세기 중엽부터 후반에 걸쳐 왜계갑주를 부장한 고분이 몇 기 발견된다. 갑주와 함께 부장된 무기도 왜계 요소가 확인된다. 이러한 왜계 무장을 갖춘 피장자는 바다를 건너온 왜인이거나 왜와 교섭하는 데 깊게 관여한 인물이었을 것이다(鈴木 2013). 그중에는 왜에서 바다를 건너 백제로 온 '용병'과 같은 인물도 포함되어 있었을지 모른다.

다만 왜계 무기와 갑주를 부장한 고분은 왜에서 바다를 건너온 병사의 무덤이라는 고정관념을 갖지 않았으면 한다. 5세기 왜에서 갑주는 실제 전투에서 사용된 도구라기보다 이를 주고받거나 보유하여 왜왕권과 유대관계를 나타내는 위세품의 성격이 강하다.

따라서 한반도에서 출토된 왜계갑주도 우선은 이를 소유한 인물과 왜의 관계를 나타내는 문물로서 평가할 필요가 있다. 고분에서 왜계 무기와 갑주가 출토된 것만으로 고분에 묻힌 사람을 왜인이라고 단정할 수는 없다. 왜계갑주 외에도 고분을 구성하는 다양한 요소가 왜와 관련된 것으로 인정하고 난 다음에야 비로소 그 피장자가 왜인일 가능성을 음미해야 한다. 전장에서 살펴본 서남해안의 왜계 고분이 좋은 사례이다.

그러므로 신봉동90B-1호분 피장자를 왜의 병사로 단정할 수 없으며 나아가 현재 백제권에서 왜 군사들의 묘지라고 확정적으로 소개할 수 있는 고분군도 확인되지 않는다. 또 이 시기에는 대가야에도 왜계갑주가 꽤 분포하고 있다. 따라서 90B-1호분의 피장자는 자신이 속한 지역사회와 백제왕권의 의향에 맞추어 왜 및 가야와 관계를 유지하는 역할을 담당하였고 그 속에서 왜계갑주를 입수한 것으로 생각해야 할 것이다.

백제계 도래인의 무덤 – 다카이다야마고분

당시 일본열도에도 백제와 왜의 교섭을 나타내는 고분이 있다. 대표적인 예가 오사카부 다카이다야마(高井田山)고분이다. 매장시설은 초기의 횡혈식석실이다. 피장자의 모습을 추정한 야스무라 토시후미(安村俊史)씨의 견해(安村 1996)에 귀를 기울여 보자.

야스무라 씨는 다카이다야마고분의 석실의 계보를 백제에서 구할 수 있으며 그 크기가 백제왕족 묘지(공주시 송산리고분군)의 석실에 필적한 다고 지적했다. 또 초두(예전의 다리미)와 금박 유리옥 등 백 제계의 부장품, 백제에서 일반 적인 부부합장 이라는 매장 방 식으로 보아 피 장자와 고분을 축조한 집단이 백제와 깊은 관 련을 맺고 있음

오사카부 다카이다야마고분(가시와라시교육위원회)

을 지적했다.

더욱이 다카이다야마고분 주위에서 대규모 공방인 오오아가타(大縣)·오오아가타미나미(大縣南) 유적이 확인되므로 다카이다야마고분의 피장자는 백제가 고구려의 남하로 정치, 군사적인 압박을 받는 가운데 '기술공인과 함께 도래한 집단의 장이며, 왕족에 필적할만한 인물'(安村 1996: 185)이라고 해석했다. 필자도 동감한다.

그리고 이 인물은 단순히 동란을 피해 도피한 것이라기보다 백제왕권의 외교를 유리하게 전개하고자 활동하는 '質(볼모)'과 같은 역할을 담당했을 것이다. 그리고 다양한 기술자와 함께 선진적인 물건, 정보, 기술을 왜로 가지고 왔다.

다만 의외라고 생각할지 모르겠으나 5세기 후반, 왜에는 백제로부터 직접 반입된 물건은 그다지 많지 않다. 그 이유는 사실 잘알 수 없으나 일단 필자는 백제의 대왜외교가 대가야 혹은 영산강유역이 중개하는 경우가 많았기 때문이었지 않을까 추측하고 있다. 앞으로 검토해야 할 과제 중 하나이다.

6세기 전반의 백제

6세기 전반으로 이야기를 옮겨보자. 6세기가 되어도 고구려와 백제의 항쟁은 지속된다. 그러나 무령왕대에는 오히려 백제에게 전황이 유리해지게 되고, 521년 신라와 함께 중국 양나라에 견사했을 때는 고구려보다 우위라는 것을 어필할 정도였다.

고구려 남하에 대응할 수 있게 되자 이제 백제는 남쪽으로 영역을 확대하고자 움직이기 시작했다. 510년대에는 기문, 대사라 불리는 섬진강유역으로 진출한다. 나중에 언급하겠지만 섬진강은 대가야가 이용한 교통로로 섬진강 하구는 매우 중요한 항구였다. 이 지역으로 진출했기 때문에 지금까지 우호적인 관계였던 대가야와 치열하게 대립하게 된다.

그리고 영산강유역을 점차 통합한다. 490년, 495년 동성왕은 무훈이 있는 왕족과 귀족을 위해 영산강유역 각지의 지명을 붙인 '왕(王)', '후(侯)' 호의 수여를 중국남제에 요구한다. 이는 영산강유역에 대한 지배권을 중국에게 인정받고자 한 것으로 '실제로 그 지역까지 지배하지 못하였거나 혹은 지배하였다고 하더라도 불안정한 상태였던 것을 나타내고 있다'(田中 2002: 248).

그리고 마침 이 즈음에 전방후원분이 영산강유역에 잇달아 축조되었다. 현재 확실한 전방후원분은 14기 확인된다. 그 배경에 대해서는 다음 장에서 상세하게 살펴보겠으나 여기서는 영산강유역의 전방후원분이 백제에 의한 통합과 깊은 관련이 있다는 것만 확인해둔다.

이처럼 무령왕대에 백제는 세력을 확장했다. 다음 성왕대는 충실하게 성장한 국력을 바탕으로 웅진의 남쪽인 사비(현재 충청남도 부여군)로 천도했다. 가야에 대한 압박을 강화하고 영산강유역을 통합하기 위해서였다. 그러나 공교롭게도 사비로 천도한 후, 한반도의 정세는 점차 백제에게 불리하게 돌아간다.

우선 529년, 고구려와의 전투에서 대패한다. 그리고 신라가 본격적으로 금관가야를 침공하여 532년에 금관가야를 멸망시킨다. 결국 고구려 남하에 함께 대응하기 위해 협조하던 신라와도 대립적인 관계가 된다.

그럼에도 불구하고 고구려에 대응할 필요가 있었으므로 541년에 다시 신라와 화의를 맺는다. 그리고 551년에는 예전의 수도였던 한성을 고구려로부터 탈환하는 데 성공했다. 그러나 그 이듬해 한성을 신라에 뺏기면서 양자의 동맹은 불과 약 10년 만에 결렬된다. 성왕은 반격을 꾀했으나 554년 관산성 전투에서 신라에게 패하면서 살해된다. 이로 인해 백제는 당분간 태세를 재정비할 수 없을 정도로 큰 타격을 받았다.

이상과 같이 6세기 전반 백제를 둘러싼 정세는 변해갔다. 이런 가운데 왜와의 관계는 어떠했을까?

밀접한 백제와 왜

무령왕, 성왕대가 되면 백제와 왜의 관계는 한층 깊어진다. 예를 들어 와카야마(和歌山)현 하시모토(橋本)시에 있는 스다하치만(隅田八幡)신사에 소장된 인물화상경의 명문에는 503년에 무령왕(斯麻, 사마)이 다음 왜왕의 후보인 게이타이(継体, 孚弟王)에 사신을 보내 친분을 쌓았다는 내용이 기록되어 있다.

또 대가야의 중요한 교통로였던 섬진강유역(기문)으로 진출하기 위해 왜로 지원을 요청하고 그 보답으로 오경박사인 단양이(段楊爾)를 왜로 파견했다. 그 후, 수차례에 걸쳐 기술자와 지식인을 왜로 파견했다. 예를 들어 『日本書紀』欽明14년(553) 6월조에는 백제가 왜에 군사적인 지원을 요청하는 대신 다채로운 지식인을 왜로 파견한 것으로 기록되어 있다. 이 해는 성왕이 관산성 전투에서 죽음을 맞이하기 한 해 전이다.

이처럼 6세기 전반, 백제는 고구려에 대항하기 위한 지원요청과 함께 급속하게 관계가 악화된 대가야와 신라를 견제하기 위하여 왜와의 관계를 긴밀하게 해 둘 필요가 있었다.

스다하치만신사 소장 인물화상경(복제품 스다하치만신사, 국립역사민속박물관)

백제의 움직임에 왜도 적극적으로 응한 것 같다. 무령왕과 왕비, 이 외에 왕족 무덤에는 금송(金松)으로 만든 목관이 안치되었다. 금송은 목재로서는 견고하고 썩기 어려우며 물에 강한 특성이 있다. 일본열도에 주로 자생하는 수목이기 때문에 6세기 전반에 왜가 백제로 보낸 것을 알 수 있다.

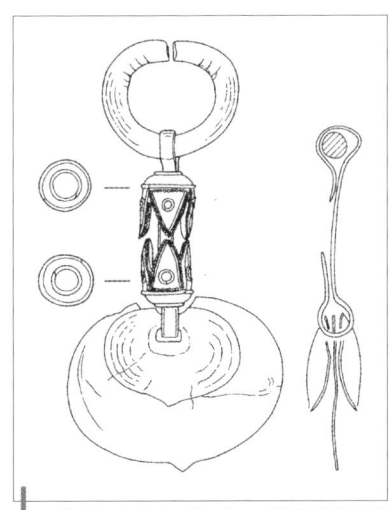

에타후나야마고분 출토 백제계귀고리 (기쿠스이정사편찬위원회 2007)

이 밀접한 관계를 뒷받침하듯이 6세기 전반에 백제계의 다양한 문물이 왜로 전해진다. 특히 5세기에는 그다지 많지 않던 백제계 장신구가 세트로 부장된 유력수장의 무덤을 각지에서 확인할 수 있다. 이는 왜가 백제를 중요시하는 자세를 취한 결과였을 것이다.

　여기서 주의해야 하는 것은 6세기 전반, 백제는 기문·대사 진출을 둘러싸고 대가야와 대립하였으며, 신라가 가야를 침공하면서 신라와의 협력관계도 크게 흔들리고 있었다는 점이다. 따라서 5세기 후반과는 달리 백제는 기본적으로는 왜와 단독으로 교섭하였을 것이다. 6세기 전반에 백제계 장신구가 일본열도 각지에서 쉽게 확인되는 현상에는 이러한 사정이 반영되어 있을 것이다. 어찌 되었든 왜와 백제 양 왕권 사이는 밀월관계였으며 그 우호관계는 오래 지속되었다.

제2절　신라의 대외전략과 왜

신라의 '탈고구려화'

다음으로 신라의 상황을 살펴보자. 5세기 전반까지 신라는 고구려에게 종속적인 자세를 취하고 있었다. 그러나 5세기 중엽이 되면 고구려의 영향에서 탈각을 시도한다.

　예를 들어 『三國史記』에는 450년에 신라가 변경 수비를 위해 고구려 장군을 살해한 사건이 기록되어 있다. 또 『日本書紀』에도 464년에 신라가 자국에 주둔하고 있던 고구려군을 격퇴한 것으로 기록되어 있다. 더욱이 5세기 후반 이후에는 고구려 남하에 백제와 공동으로 대응하고 여러 차례에 걸쳐 고구려군을 격퇴하는 데 성공한다.

고구려의 영향 아래에 있던 신라가 백제와 결탁하여 고구려의 압력에 대항하고자 하는 움직임을 '탈고구려화'라고 부른다(井上 2000). 신라와 백제의 이러한 우호적인 관계는 신라가 가야에 압박을 가하는 6세기 전엽까지 지속되었다.

이러한 신라의 움직임에서 보면 왜와 우호 관계였던 백제, 대가야와 함께 신라도 왜와 교섭을 시도하였을 가능성이 있다. 다만 사료를 통해서는 이와 관련된 어떠한 내용도 알 수 없다. 특히 『日本書紀』는 거의 일관되게 신라와 왜를 적대적인 사회로 묘사하고 있다. 그럼 고고학적으로 보면 어떠할까?

5세기 후반의 신라와 왜

결론적으로 말하면 5세기 후반, 신라와 왜의 관계를 나타내는 고고자료는 일본열도 각지에 그런대로 분포하고 있다. 예를 들어 5세기 후반부터 6세기 전반에 걸쳐 신라계 토기가 규슈부터 도호쿠에 걸쳐 넓게 분포한다(白井 2000). 또 신라의 장신구와 무구, 마구 등을 부장한 고분도 확인된다. 신라권에서 자주 확인되는 매장시설을 채용한 고분도 축조되었다.

따라서 고고학적으로 5세기 후반, 신라와 왜의 교섭이 없었다고 생각하기는 어렵다. 탈고구려화가 과제였던 신라의 입장에서 보면 고구려를 경계하기 위한 하나의 대책으로 백제, 대가야와 함께 왜와 우호적인 관계를 유지하기 위해 교섭을 거듭했을 것이다.

이를 뒷받침하는 고고학적인 상황이 있다. 그것은 왜의 고분에 신라계 문물이 부장될 경우, 백제계와 대가야계의 문물이 함께 부장되는 경우가 많은 것이다. 예를 들어 후쿠오카현 오바사니시(小正西)고분에서는 백제·대가야계의 무기, 마구와 함께 신라계의 마구도 부장된다. 이는 신라와 백제, 그리고 대가야가 서로 관계를 강화해가는 가운데 신라도 정세를 호전하기 위해 왜와 관계를 모색하였던 국면이 있었음을 말하고 있다.

왜왕권과의 채널 - 연산동고분군의 왜계갑주

신라와 왜의 교섭을 중개한 곳이 동래지역이었다. 지금까지 언급한 것처럼 동래는 왜와 교섭하는 데 중요한 역할을 담당하였다. 5세기 중엽에는 신라의 지배가 진전되어 복천동고분군의 조영이 쇠퇴하는 한편, 새롭게 연산동고분군이 조영된다. 가장 큰 특징은 신라가 지역을 통합한 것을 상징하는 고총(고대(高大)한 분구를 가진 고분)을 축조하게 된 것이다. 그러나 이 조영 집단도 어느 정도 주체성을 가지고 활발하게 대외활동을 한 것 같다. 다음과 같은 이유 때문이다.

우선 연산동고분군의 매장시설은 장대하고 부장품용의 부곽을 갖춘 수혈식석실이다. 이는 동래의 전통이다. 여기에서 출토된 부장품은 토기는 물론 장신구와 마구 등도 신라왕권과 관련된 것이 대부분이지만, 백제 및 대가야와 관련된 것도 확인된다.

그리고 많은 수의 왜계갑주가 부장되었다. 현재까지 5기의 고

연산동고분군

총에서 왜계의 투구가 출토되었다. 특히 M3호분에서는 금부단갑
(襟付短甲)이라 불리는 특수한 갑옷이 출토되었다. 이 갑옷은 당시
왜왕권 중추의 수장층만이 보유하였던 것이다. 이외에 왜계철촉
과 같은 무기도 포함되어 있다.

　따라서 왜왕권이 동래로 수차례에 걸쳐 갑주와 무기를 보냈
을 가능성이 크다. 동래는 왜왕권과 직접적으로 관계를 맺고 있
었던 것이다(橋本 2015). 또 전장의 제6절에서 살펴본 것처럼 동래
는 5세기대 세토우치와도 밀접한 관계를 맺고 있었다.

신라왕권은 동래지역이 가진 왜와의 독자적 채널을 활용하여 왜와 교섭하였을 것이다. 역으로 보면 그만큼 동래지역의 주체성이 계속 유지되었으며 연산동고분군의 조영이 정지된 단계야말로 신라왕권이 동래를 완전히 통합하고 동래의 독자적 교섭권을 장악한 시기로 생각된다.

북부 규슈와의 관계 – 하제야마고분의 대금구

5세기 후반 왜에서 신라계의 부장품과 매장시설이 함께 확인되는 지역이 있다. 북부 규슈이다. 여기서 신라와 북부 규슈의 관계를 상징하는 장신구를 하나만 소개해두고자 한다. 후쿠오카현 하제야마(櫨山)고분에서 출토된 금동제의 삼엽문투조대금구이다. 이것은 신라의 전형적인 대금구로 신라권에서는 왕권의 사회통합을 상징하는 위세품 중 하나였다. 5세기 후반 왜에서는 하제야마고분 출토품 외에 확인되지 않기 때문에 아마도 하제야마고분의 피장자가 직접 입수하였든지 혹은 피장자가 신라로부터 건너온 도래인이었을 가능성이 있다. 그리고 신라와 북부 규슈의 교섭에 직접적으로 관여하였을 것이다.

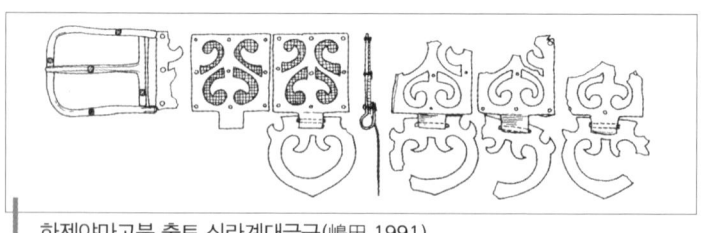

하제야마고분 출토 신라계대금구(嶋田 1991)

이러한 신라와 북부 규슈의 끊임없는 관계가, 그 후 '이와이
(磐井)의 난'이 일어났을 때, 신라가 규슈의 대수장인 이와이와 손
을 잡고자 하는 움직임으로 이어졌을 것이다. 이에 대해서는 제7
절에서 다시 검토한다.

세력을 확장하는 신라

이야기를 6세기 전반으로 옮긴다. 521년, 신라는 백제와 함께 중
국 남조의 양나라로 사신을 보냈다. 이는 140년 만에 이루어진
중국견사였다. 그 배경에는 낙동강 이동지역을 통합한 신라의 성
장이 있었다. 그 성장을 나타내듯이 각지에 축조된 고총군의 규
모가 축소되며 매장시설도 횡혈식석실로 통일되어 간다. 부장된
토기의 형태도 획일화된다. 이는 신라왕권이 지역사회의 기득권
을 자신의 수중에 넣고 중앙집권화를 진척시킨 것을 의미한다.

그리고 지역 내 분쟁을 해결하여 그 결과를 공시하거나 신라
왕권이 지역사회를 통합한 것을 어필하기 위해 그 내용을 기록한
석비를 영역 내 각지에 세우게 된다. 이 외에도 '율령'의 제정, 지
방관의 파견, 관위제의 시행 등 지방통치 체제를 급속하게 정비
해 갔다(李成市 2002).

이처럼 충실한 지방 정책을 배경으로 신라는 520년대에 본격
적으로 가야를 공격한다. 그리고 수차례에 걸쳐 침공한 결과 532
년, 우선 금관가야를 멸망시킨다. 실은 가야를 침공할 때 신라는
규슈의 대수장인 이와이에게 '뇌물(貨賂)'을 보냄으로써 왜왕권이
가야를 위한 파병을 저지하도록 요청한다. 이것이 그 유명한 '이

와이의 난'으로 이어졌다.

더욱이 신라는 552년에는 백제로부터 한성(지금의 서울)을 탈취했다. 이로써 신라의 영역은 서해안까지 확장된다. 554년 관산성 전투에서 백제에 대승을 거두고, 562년에는 고립된 대가야를 복속시켜 가야를 완전히 통합한다.

이렇게 비약한 신라는 왜와 어떠한 관계였을까?

6세기 전반의 신라와 왜

6세기 전반 왜의 고분에는 그렇게 많지는 않으나 신라계의 장신구와 무기, 마구, 토기 등이 눈에 띈다. 예를 들어 신라계의 수식부이식은 북부 규슈, 세토우치, 기나이 등지에서 확인할 수 있다. 그 가운데 주목할 수 있는 것은 후쿠오카현 나가하타(長畑)1호분에서 출토된 수식부이식이다.

이 귀고리는 귀고리의 아래에 또 하나의 환을 연결하고 여기에 사슬과 심엽형의 드리개를 매단 것이다. 간소하면서도 정교하게 만든 것으로 신라권의 북부에서 유사한 사례를 확인할 수 있다. 또 나가하타1호분이 축조된 곳은 『豊前国風土記』의 逸文(역자주: 원문의 일부분만 전해지는 문장)에 신라계 도래인에 관한 기록이 실려 있으므로 사료와 유물의 상황이 일치하는 귀중한 사례이다.

그리고 규슈 각지에서 신라 왕릉에서 출토되는 마구와 비견할 수 있을 정도의 호화로운 마구가 확인된다. 예를 들어 후쿠오카현 초우자노쿠마(長者の隈)고분에서 출토된 것으로 전해지는 금동제의 안장이다. 이 안장을 신라에서 건너온 반입품으로 평가하

고 '이와이의 난'보다 앞선 시기에 독자적인 교섭권을 가지고 있었던 규슈의 수장이 입수한 것으로 보는 견해가 있다(桃崎 2009).

또 이와이의 무덤으로 비정되는 후쿠오카현 이와토야마(岩戸山)고분 출토 석마(石馬)도 신라와 관련된 것으로 주목된다. 이와토야마고분의 분구 주위에는 하니와가 아니라 중북부 규슈 독자의 석제표식(인물, 동물, 방패, 갑주 등 각종의 기재를 모방한 석제품)이 둘러져 있었다. 그중 하나인 석마에 표현된 마구는 신라의 마구를 강하게 의식하여 표현된 것으로 지적된다(諫早 2012).

이처럼 6세기 전반에도 신라는 왜와 관계를 유지하고자 한 것을 알 수 있다. 이 시기 신라는 고구려와의 대립만이 아니라 가야를 침공하는 과정에서 백제, 대가야와도 심각한 대립 관계에 있었다. 이 고립된 상황에서 가야를 침공하는 데 왜가 장해(障害)되지 않도록 배려했던 것일까.

그러나 왜왕권이 가야를 구원하고자 하는 움직임을 보이자 '쓰쿠시노키미 이와이(筑紫君 磐井)'에게 사신를 보내 파병을 저지하도록 요청한다. 이는 대한반도 교섭에 있어 왜왕권과 규슈가 항상 협조적인 관계가 아니라는 것을 이해한 신라의 전략적인 외교공작으로 볼 수 있다. 그만큼 신라가 왜의 정세를 꿰뚫고 있었던 것이다.

이후 신라와 왜왕권은 당분간 단절된 상태였으나 신라가 대가야를 멸망시키기 직전인 560, 561년을 기점으로 왜에 계속해서 사신은 보낸다. 『日本書紀』에 '신라의 조(新羅の調)'와 '임나의 조(任那の調)'라는 명목으로 다양한 문물을 제공한 것으로 기록되

후쿠오카현 이와토야마고분(위)과 석마(아래)(야메시교육위원회)

어 있어 왜왕권에 접근한 것을 알 수 있다. 이를 증명이라도 하듯이 최근 들어 6세기 후반 신라계 문물을 부장한 고분이 일본열도의 각지에서 확인되고 있다.

제3절 대가야의 비약과 왜

활발화하는 대가야와 왜의 교섭

지금까지 백제와 신라의 입장에서 생각한 왜에 대해서 언급했다. 여기서부터는 대가야에 관하여 이야기하고자 한다. 5세기 후반부터 왜와 가장 활발하게 교섭한 사회가 대가야이다. 이 시기 왜에서는 대가야계로 판단할 수 있는 문물이 여러 고분에 부장되었다. 대표적인 것으로 각종의 장신구, 장식마구, 무기 등이다. 그리고 대가야권과 그 주변에서는 5세기 후반 이후에 왜계 고분과 왜계 문물을 부장한 고분이 많이 축조되었다.

이처럼 대가야와 왜의 교섭을 나타내는 고고자료는 매우 풍부하다. 따라서 본 절에서는 5세기 후반, 다음 절에서는 6세기 전반 대가야의 교통로를 검토하고, 대가야가 그 교통로를 활용하여 어떻게 왜와 교섭을 하였는가에 대하여 조금 상세하게 살펴보고자 한다.

대가야의 성장과 두 개의 교통로

5세기 후반, 대가야는 본격적으로 낙동강 서쪽을 통합하여 가장 유력한 가야로 비약한다. 이는 대가야의 토기와 장신구, 장식마구가 대가야의 중심인 고령에서 각지로 확산된 것을 통해 알 수 있다. 또 고총군도 활발히 조영되었다.

이 같은 성장을 배경으로 대가야는 국제사회에 데뷔한다. 479년에는 가야 가운데 유일하게 중국 남제로 사신을 보냈다. 481년에는 고구려에 침공을 받은 신라에 백제와 함께 원군을 보낸다.

대가야가 이처럼 활발한 대외활동을 전개할 수 있었던 배경에는 사회통합의 진전 외에도 신라와의 관계 개선이 있었던 것 같다. 이즈음 신라는 고구려에서 벗어나기 위해 백제와 손을 잡고 있었다. 이로써 백제와 우호 관계였던 가야와 신라의 대립도

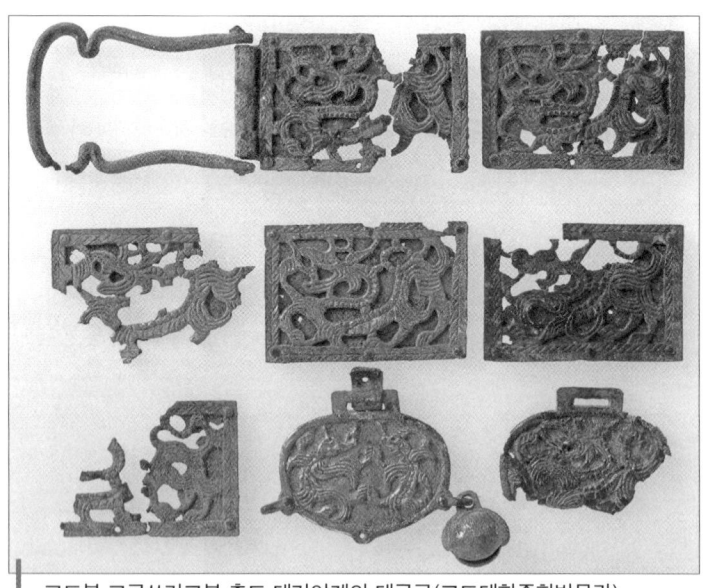

교토부 고쿠쓰카고분 출토 대가야계의 대금구(교토대학종합박물관)

어느 정도는 해소되었고 대가야가 대외적으로 활동할 수 있도록 환경이 정비되었을 것이다(李成市 2002). 이러한 정세 속에서 대가야는 왜와도 활발하게 교섭한다. 그럼 대가야는 어떤 교섭 루트를 이용하였을까?

지금까지 연구를 통해 대가야가 활용한 교통로는 크게 두 개 제시되었다(田中 1992; 조영제 2004; 박천수 2007 등). 우선 중심지인 고령을 출발하여 거창-함양-운봉 분지(혹은 함양-남원) 등 서쪽으로 나아간 후, 여기서부터 섬진강을 따라 구례-하동-남해안으로 내려오는 섬진강루트이다. 또 하나는 함양에서 남강을 따라 산청-진주 등 남쪽으로 내려온 후, 여기에서 고성(혹은 사천)-남해안으로 나아가는 남강루트이다. 이 두 개의 교통로는 지세는 물론 고분군의 확산과 교섭을 통해 입수한 외래문물의 분포, 그리고 섬진강유역으로 비정되는 기문·대사와 관련된 사료에 근거하여 상정한 것이다.

섬진강루트

우선 섬진강루트에 대해 살펴보자. 섬진강 하류역, 대사로 비정되는 하동지역은 대가야, 소가야, 그리고 백제의 경계에 해당한다. 몇 개의 고분군이 알려져 있는데 각각 부장된 토기가 특징적이다. 우선 하동의 내륙에 위치하여 소가야권과 가까운 우복리유적에서는 주로 소가야계 토기가 부장되었다. 한편 섬진강 연안에 위치하는 흥룡리고분군에서는 우복리유적과 달리 대부분 대가야계 토기가 부장되었다.

흥룡리고분군과 섬진강(동아세아문화재연구원)

흥룡리고분군은 섬진강하류역의 동안(東岸), 낮은 구릉에 축
조되었다. 섬진강을 내려오면 곧바로 남해로 나갈 수 있으며 거
슬러 올라가면 대가야의 중심에 이른다. 이러한 입지의 고분군에
대가야계 토기가 부장된 것은 대가야왕권의 영향력이 섬진강 하
류역까지 미친 것을 나타낸다.

다만 개체 수는 적으나 소가야계, 백제계, 그리고 신라계 등
다양한 토기도 확인되었다. 이는 고분군을 조영한 집단이 다양한
지역으로부터 토기를 입수할 수 있을 정도로 하천, 해상교통을
주된 생업으로 삼은 것을 의미한다. 따라서 대가야왕권이 섬진강
루트를 이용하려면 이런 집단과 우호적인 관계를 맺을 필요가 있
었다.

그리고 섬진강루트는 중심지인 고령에서 크게 우회하기 때문

에 백제와의 경계지를 통과해야만 하는 단점이 있다. 5세기 후반, 백제와 대가야는 대체로 우호적인 관계였으나 백제의 견제를 받아 교통로의 결절점 가운데 하나라도 끊겨져 버리면 섬진강 루트는 이용할 수 없게 된다. 이를 방지하기 위해서라도 대가야왕권은 섬진강 연안의 지역집단을 자신의 측으로 끌어들일 필요가 있었다.

이 섬진강루트가 5세기 후반 대왜교섭에 어느 정도 이용되었는가에 대해서는 섬진강 연안에 왜계문물이 거의 알려져 있지 않으므로 고고학적으로 잘 알 수 없다. 앞으로 성과를 기대할 수밖에 없으나 기문·대사와 관련된 사료에 의하면 섬진강루트는 대가야의 중요한 항구와 교통로인 것은 틀림없기 때문에 왜와의 교섭에도 활용되었을 것이다.

남강루트를 둘러싼 대가야와 소가야

다음으로 남강루트에 대해 검토한다. 이 루트상에 있는 함양-산청-진주-고성·사천에 5세기 후반 왜계문물이 점재하므로 이 루트를 활용하여 대가야가 왜와 교섭한 것은 분명한 것 같다.

다만 남강을 따라 분포하는 왜계문물을 대가야와 왜 사이에 이루어진 교섭의 산물로 즉단할 수는 없다. 왜냐하면, 남해안의 고성과 사천에는 소가야가 있기 때문이다. 왜계문물이 부장된 고분에는 소가야 토기가 부장된 경우도 많으므로 소가야의 활동에 의해 스에키가 반입된 것으로도 볼 수 있다(하승철 2011).

그렇다면 지금까지 여러 번 등장한 소가야란 도대체 어떠한

송학동1호분(동아대학교박물관)

사회였을까? 소가야가 고성에 존재하였다는 것은 『三國遺事』오
가야조에 기록된 '小伽耶(今固城)'(소가야는 지금의 고성에 해당한다)
라는 기사를 통해 알 수 있다. 고고학적으로는 소가야양식이라는
독특한 토기 세트가 분포하는 범위를 소가야권으로 파악하고 있
다. 현재 경상남도 서부가 중심이다. 왕족의 묘지는 고성의 송학
동고분군으로 생각된다. 대가야와 마찬가지로 5세기 후반부터 6
세기 전반에 전성기를 맞았으나 562년 대가야 멸망을 전후로 멸
망한 것 같다.

　소가야 왕족의 무덤(송학동1호분)에 대가야의 토기와 장식마구
가 부장된 것으로 보아 양자는 협조적인 관계였던 것 같다. 아마
소가야는 대가야왕권의 대외활동을 중개하는 역할도 담당한 것
이 아닐까?

남강루트는 대가야가 백제와 신라의 관계를 고려하지 않고도 이용할 수 있는 교통로였으므로 충분히 매력적이었을 것이다. 5세기 후반 이후, 대가야계토기가 남강루트를 따라 부장되는데 이는 남강루트를 안정적으로 운용하기 위한 대가야의 움직임을 나타낸다.

낙동강루트의 존재

섬진강, 남강루트 외에 또 다른 대가야의 교통로로 고령-합천(옥전고분군)-낙동강을 거치는 낙동강루트를 들 수 있다. 예를 들어 5세기 왜로 반입된 대가야계 귀고리와 유사한 사례는 대가야의 중추인 고령과 합천(옥전고분군)을 중심으로 분포한다. 고령과 합천 등 대가야의 중심지에서 남해안으로 나아가고자 할 때 지세로 보아 가장 진출하기 쉬운 루트가 낙동강을 내려오는 루트이다. 낙동강을 사이에 두고 그 대안에는 신라가 위치하는데 이 시기에 탈고구려화를 꾀한 신라와 대가야의 관계는 호전되어 있었다. 이를 중요시하면 대가야가 낙동강루트도 활용하였을 가능성이 크다.

그리고 이미 소개한 것처럼 낙동강 하류역의 동래(부산)는 신라의 압박을 받으면서도 신라의 대왜교섭을 중개하면서 여전히 주체적인 대외활동을 전개하고 있었다. 5세기 동래에서는 대가야계의 토기, 귀고리, 마구가 출토되었다. 따라서 대가야왕권은 동래와도 관계를 맺으면서 낙동강 하구의 항구를 이용한 것 같다.

대가야의 왜계갑주

이상과 같이 5세기 후반 대가야왕권은 왜와 교섭하기 위해 하나의 루트만을 이용한 것이 아니다. 교통로를 따라 점재하는 지역집단과 관계를 항상 고려하면서 섬진강, 남강, 그리고 낙동강이라는 여러 교통로를 임기응변으로 이용했다.

이러한 교섭 속에서 대가야의 중심지, 고령과 합천에는 갑주와 스에키 등 왜계문물이 반입되었다. 예를 들어 5세기 중엽 왕릉급의 고분인 고령 지산동32호분에서는 풍부한 부장품 가운데 왜계갑주가 포함되어 있었다. 또 유력한 지산동30호분에 부속된 작은 석곽에서도 왜계 투구와 스에키가 출토되었다. 합천 옥전28호분에서도 왜계갑주가 재지의 무장구와 함께 부장되었다. 이처럼 대가야에서는 다양한 계층의 분묘에 왜계갑주가 부장되어 대가야와 왜의 밀접한 관계를 상징하고 있다.

아마 5세기 후반 대가야는 신라, 백제와 마찬가지로 고구려의 남하에 대비하기 위한 대책 중 하나로 왜와 교섭하였을 것이다. 또 이 시기 대가야와 신라, 백제의 관계는 양호

고령 지산동32호분 출토 왜계갑주
(국립대구박물관)

하였으나 이는 어디까지나 고구려 남하에 대비하기 위한 것이라는 점에서 백제와 신라 사이에 위치한 대가야가 바다 건너편의 왜와 손을 잡는 것은 중요한 의미가 있었을 것이다. 다양한 교통로를 구사하여 왜의 교섭을 거듭하고 우호적인 관계를 유지하고자 노력한 대가야의 모습이 떠오른다.

제4절 **대가야의 쇠퇴와 왜**

백제의 섬진강유역 진출과 대가야

5세기 후반에 비약적으로 성장한 대가야였으나 6세기에 들어서자 이를 뒤흔드는 충격적인 사건이 일어난다. 중요한 항구와 교

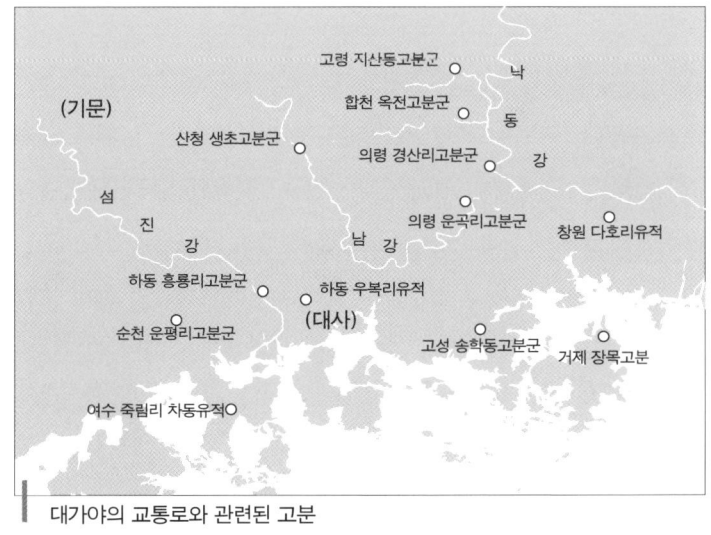

대가야의 교통로와 관련된 고분

통로였던 섬진강유역(기문·대사)으로 백제가 진출한 것이다. 대외활동의 큰 장애가 된 것은 물론이고 지금까지 우호적인 관계를 유지해 온 백제와는 심각한 대립 관계로 빠지게 된다.

이 사태를 호전시키기 위해 대가야가 취한 행동은 두 가지였다. 하나는 남강루트를 본격적으로 개척한 것이다. 이로써 왜와 결속을 강화하고자 했다. 이는 왜계고분이 남강과 낙동강 연안에 점재하는 것에서 알 수 있다. 그리고 또 하나가 신라에게 접근한 것이다. 522년에 대가야는 신라와 결혼동맹을 맺는다. 그 목적은 백제에 대한 대항이었으나 더욱 구체적으로는 낙동강루트를 적극적으로 이용하기 위해서였다(이희준 2007).

여기서부터는 교통로를 따라 점재하는 다양한 집단과 대가야 왕권의 관계를 통해 6세기 전반 대가야의 대왜교섭에 대해 생각해보고자 한다.

섬진강루트와 순천 운평리고분군

섬진강 하구의 서쪽에 위치한 순천지역은 섬진강유역으로 백제가 진출하는 즈음에는 백제와 가야의 접경지였다. 여기에 5세기 후반부터 6세기 전반 즈음에 조영된 운평리고분군이 있다. 구릉의 능선 위에 축조된 고총군은 지역집단의 유력자들이 묻힌 무덤이다. 그리고 구릉 사면에는 중소형의 석곽묘가 군집하고 있는데 이는 집단의 일반 구성원 묘지로 볼 수 있다. 부장된 토기는 대가야계 토기가 많으며 고분군의 입지도 대가야 왕족의 묘지인 고령 지산동고분군의 축소판과 같아서 조영 집단은 대가야 왕권과 긴

밀한 관계를 맺었음을 알 수 있다.

다만 고총의 조영은 5세기 말부터 6세기 초로 한정된다. 또 가장 먼저 축조된 고총(M2호분)의 주 매장시설은 소가야계의 횡혈식석실이다. 이 석실을 둘러싸듯 하나의 분구 내에 축조된 여러 매장시설에서 대가야계만이 아니라 백제, 소가야, 영산강유역, 그리고 신라 등 매우 다양한 지역에서 반입된 토기가 부장되었다.

더욱이 횡혈식석실에서는 대가야계의 귀고리와 신라계 귀고리가 한 점씩 출토되었다. 이 귀고리가 한 사람에게 착장되었는지, 아니면 서로 다른 사람에게 착장되었는지는 잘 알 수 없다. 만약 전자라면, 대가야와 신라 모두 관계가 있는 피장자를 상정해 볼 수 있을 것이고 후자라면 출신지가 다른 두 사람 혹은 각 사회와 깊게 관련된 두 사람이 매장되었을 것이다. 어찌 되었든 대가야 이외의 사회와도 유대관계를 맺고 있었던 것은 분명하다.

이처럼 운평리 집단과 대가야왕권은 밀접하게 관련되어 있으나 대가야가 순천을 안정적으로 장악한 것으로 생각하기는 어렵다. 운평리고분군의 조영 집단은 대가야왕권과 관계를 맺으면서 다른 사회와도 주체적으로 교섭하고 있었다. 운평리 집단 자체가 다양한 출신지의 사람들로 구성되었을 가능성도 크다.

여수반도의 지역집단 – 여수 죽림리 차동유적

또 순천의 남쪽, 여수반도에도 다양한 부장품을 묻은 고분군이 축조되었다. 대표적인 사례가 죽림리 차동유적이다. 이 유적은 남해로 곧바로 나갈 수 있는 구릉상에 위치하는데 4~6세기에 걸쳐 조영된 중소형 무덤이 40기 정도 확인되었다. 고분군 근처에서 취락도 확인되어 바다에 면한 지역집단의 취락과 묘지가 세트로 확인된 중요한 유적이다.

순천 죽림리 차동Ⅱ-10호묘(위)와 여기서 출토된 왜계갑주(왼쪽) 및 소가야, 신라토기(오른쪽) (마한문화재연구원)

5세기 후반부터 6세기에 조영된 무덤에 부장된 토기를 보면 흥미로운 변화가 확인된다. 6세기 초까지는 소가야계를 중심으로 대가야, 백제, 영산강유역, 그리고 신라 등 매우 다양한 계통의 토기가 부장되었다. 그러나 6세기 전반 이후가 되면 백제계토기가 주류를 점하게 된다. 백제가 이즈음에 이 지역을 통합한 것을 나타낸다.

그리고 왜계문물도 확인된다. 예를 들어 15호 주거지에서는 스에키와 소가야, 신라 토기가 함께 출토되었다. 또 왜계갑주와 소가야, 신라토기가 함께 부장된 무덤(Ⅱ-10호묘)도 축조되었다. 죽림리 집단의 구성원 가운데 이 땅에 정착한 왜 출신의 사람들도 포함되었던 것 같다.

백제와 가야의 경계지

이상과 같이 가야와 백제의 경계이며, 바다에 면한 순천과 여수 반도는 대가야, 혹은 백제의 강한 통제 아래에 있었던 것이 아니다. 오히려 다양한 사회, 집단과 교섭하는 능동적인 지역사회였으며 그 사회를 구성하는 집단에는 다양한 출신지의 사람들도 포함되어 있었다. 그 가운데 운평리 집단과 같이 대가야와 밀접한 관계를 맺은 지역집단도 존재했다.

아마도 대가야왕권은 백제의 압박이 거세지는 가운데 섬진강 하구의 서쪽 지역집단과 우호적인 관계를 맺고 그로부터 협력을 얻어 섬진강루트를 이용하면서 대외활동을 했을 것이다.

남강루트의 본격적인 개척

한편, 남강루트는 어떠했을까? 주목해야 할 것은 6세기 전반이 되면 남강을 따라 대가야 토기가 넓게 분포하고 이와 함께 대가야계의 장신구와 마구, 무기 등을 부장한 고총고분이 조영되는 것이다. 이는 대가야왕권이 남강루트와 그 주변을 장악하고자 한 것을 의미한다. 그 목적은 물론 남강루트를 안정적으로 운용하기 위해서였을 것이다. 대가야가 남강루트를 매개로 왜와 교섭한 것은 스에키를 비롯한 왜계문물, 그리고 왜계고분이 이 교통로를 따라 널리 분포하는 것을 통해 입증된다.

다만 남강루트와 남해를 잇는 고성과 사천에는 여전히 소가야가 있었다. 6세기 전반, 소가야의 독립성을 나타내는 것이 소가야 왕릉인 고성 송학동1호분이다. 이 고분은 5세기 후반부터 왕족의 무덤으로 사용되었는데 6세기가 되면 분구를 확장하면서 횡혈식석실을 채용한다. 그 중 하나인 B-1호 횡혈식석실에는 소가야토기만이 아니라, 대가야, 백제, 영산강유역, 신라, 그리고 왜 등 매우 다양한 계보의 토기가 부장되었다. 석실구조의 일부는 북부 규슈의 영향을 받았으며 분구 자체도 전방후원분을 모방하였을 가능성이 지적되고 있다(하승철 2011).

이 송학동1호분만을 보아도 소가야가 대가야에 통합된 것이라고는 생각하기 어렵다. 상하 관계이기는 하였으나 남강루트의 관문지로서 독자성을 유지하고 있었다. 따라서 대가야왕권은 소가야를 배려하여 양호한 관계를 유지하고자 하는 노력을 아끼지 않았을 것이다. 소가야권의 다른 고분군에 대가야계의 토기, 장신구, 마구 등이 부장된 것도 이를 단적으로 나타낸다. 양자는 긴밀한 관계를 유지하였으며, 그 가운데 소가야가 대가야의 대외교섭을 중개하는 경우도 있었을 것이다.

대가야의 땅에 묻힌 왜인? – 산청 생초9호분

여기서 남강루트를 이용하여 대가야로 건너온 왜인의 존재를 상정할 수 있는 고분을 하나 소개하고자 한다. 산청 생초9호분이다.

생초고분군은 남강 상류를 조망하는 구릉에 입지한다. 이 지역은 남강루트의 요충지에 해당한다. 5세기 후반부터 대가야가 멸망할 때까지 조영된 고분군으로, 대가야의 슬하에 있으면서 하천교통에 뛰어난 지역집단의 묘지로 생각된다. 그 경관은 고령 지산동고분군과 매우 닮았는데 구릉의 정상부와 능선 상에는 분구를 가진 고총군이 축조되었고 구릉 사면에 중소의 석곽묘가 군집되어 있다. 여러 유력자의 묘지와 집단구성원의 묘지로 볼 수 있다.

주목할 수 있는 것은 구릉 사면의 집단구성원 묘지에 속하는 9호분의 존재이다. 이 고분에서는 대가야계 토기와 함께 왜에서 생산된 스에키 12점과 거울이 부장되었다. 또 적색안료를 담은

산청 생초고분군과 남강(강 건너편의 구릉에 고분군이 있음)(경상대학교박물관)

단지도 부장되었다. 생초고분군에서 왜계 부장품이 출토된 것은 9호분이 유일하다.

9호분에 묻힌 사람이 생초집단의 구성원으로 왜와 깊은 관련을 맺고 있었던 것은 분명하다. 그러나 그(그녀)가 대가야로 온 왜인이었는지 아니면 왜인과 거듭한 현지의 사람인지를 판단하기는 매우 어렵다.

다만, 많은 스에키가 부장된 것,

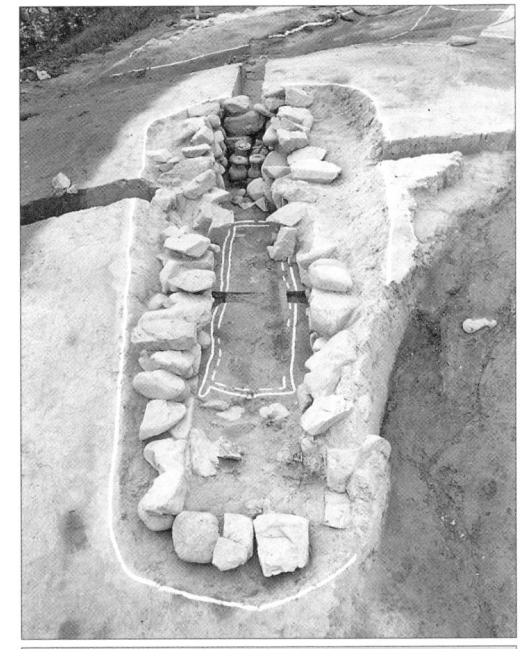

산청 생초고분군9호분(위)에서 출토된 왜의 스에키 (아래)(경상대학교박물관)

무덤에 거울을 부장하는 사례가 대가야권에서 거의 없는 것, 적색안료를 담은 단지가 부장된 것—왜의 고분에 자주 부장된다—을 생각하면 9호분의 피장자는 왜의 장송 의례를 거쳐 묻힌 것이 확실하다. 따라서 의례를 집행하는 데는 바다를 건너 이 곳으로 온 왜인들이 깊이 관여하고 있었을 것이다.

그리고 9호분이 다른 무덤과 섞여 있는 상황이 중요하다. 만약 9호분의 피장자가 왜인이라면 현지 사람들과 같은 무덤을 쓸 정도로 지역사회 속에 스며들었다는 말이 된다. 또 왜인과 밀접하게 교류한 현지인이었다고 한다면 왜와 깊은 관련을 맺고 있다는 것이 널리 알려졌기 때문에 무덤에 묻힐 때 왜인이 장송에 참여하여 왜의 의례를 집행했을 것이다.

어찌 되었든 남강루트를 경유하여 일본열도에서 대가야로 건너온 왜인이 존재했던 것은 분명하며 하천교통에 능숙한 현지인들과 밀접한 교류가 이루어진 것을 산청 생초9호분을 통해 알 수 있다.

낙동강루트를 둘러싸고

지금까지 6세기 전반 섬진강루트와 남강루트를 둘러싼 정세에 대해 살펴보았다. 다음으로 또 하나의 교통로, 낙동강루트의 상황을 살펴보고자 한다.

낙동강루트를 둘러싼 대가야의 움직임을 엿볼 수 있는 지역으로 낙동강 하류의 서안에 있는 창원이 있다. 창원은 백제와 왜의 교통을 중개한 탁순국으로 비정되며 5세기까지는 금관가야에 속해 있었다.

그러나 6세기에 들어 상황이 일변하여, 대가야계 토기와 장신구가 고분에 부장된다. 아마도 대가야는 6세기 전반에 하천교통의 요충지인 창원을 어느 정도 통합한 것 같다. 낙동강을 운용하고자 하는 목적이 있었기 때문일 것이다. 다만 낙동강 대안에는 신라가 있었으므로 낙동강을 안정적으로 이용하기 위해서는 신라의 협조가 불가결했다. 대가야가 522년에 신라와 결혼동맹을 맺은 진짜 의도는 아마 이 때문이었을 것이다.

의령지역에 있는 두 개의 고분군 — 경산리와 운곡리

6세기 전반, 낙동강을 이용한 대가야의 대외활동은 낙동강 서안의 의령에 있는 두 개의 고분군을 통해 알 수 있다. 우선 낙동강에 면하여 위치하는 경산리고분군이 주목된다. 1호분 횡혈식석실에는 피장자를 안치하는 '석옥형(石屋形)석관'이 설치되어 있다. 석옥형석관은 석실 내에 판석을 조립하여 만든 시설로 그 내부에 사람을 안치시킨다. 중부, 북부 규슈지역에서 계보를 구할 수 있으므로 왜인들이 석실의 구축에 관여했을 가능성이 크다. 또 2호분에서는 백제와 관련된 장식대도, 마구, 장신구, 동완 등이 출토되었다. 부장 토기는 기본적으로 대가야 토기이나 25호분과 같이 소가야계토기가 부장된 무덤도 있다.

그리고 낙동강루트와 남강루트를 잇는 곳에 축조된 운곡리고분군에서는 더욱 다양한 매장시설과 부장품이 확인된다. 고분군 가운데 축조된 시기가 가장 이른 1호분에서는 왜계의 횡혈식석실이 축조되었다. 현실의 평면이 약간 부풀어 오른 점(胴張), 현실의 후벽에 선반(石棚)이 설치된 점이 왜계 요소이다. 한편 석실 내에 있는 목관은 관정과 꺾쇠를 사용하여 조립하였으며 원환을 갖춘

의령 경산리1호분 수혈식석실의 석옥형 석관(위)과 운곡리1호분의 왜계 횡혈식석실(아래)(경상대학교박물관)

장식금구가 부착되어 있다. 이는 백제계의 목관이다. 부장된 토기도 다채로운데 초기에는 대가야계, 소가야계의 토기가 부장되고 추가장 때 신라계 토기가 매납되었다.

이처럼 경산리와 운곡리 집단은 낙동강을 이용하여(운곡리의 경우는 남강도 이용) 다양한 사회와 교섭을 거듭하고 있었다. 아마도 대가야왕권의 의향을 반영하여 대외교섭을 담당한 지역집단일 것이다.

거제도의 왜계고분 – 장목고분

낙동강루트, 그리고 남강루트를 경유하여 대가야(그리고 소가야)와 왜가 교섭한 것을 나타내는 또 하나의 고분을 소개하고자 한다. 거제도에 축조된 장목고분이다. 거제도는 낙동강 하구의 남서쪽에 있으며 쓰시마와 가장 가까운 곳이다. 도요토미 히데요시가 임진왜란을 일으켰을 때 일본군은 거제도를 거점으로 몇 개의 왜성을 축조했다. 그중 하나인 영등리왜성에서 멀지 않은 간곡만이

간곡만과 거제 장목고분(앞쪽의 산 가운데 부분)(경남연구원)

라는 만을 조망할 수 있는 구릉 정상에 장목고분이 입지한다.

장목고분은 직경 18m 정도의 원분으로 5세기 말에서 6세기 전엽에 축조되었다. 분구에는 즙석이 있으며 분구 주위를 원통형 토기가 둘러싸고 있다. 또 매장시설인 횡혈식석실은 북부 규슈의 석실과 같은 형태이다. 왜 고분의 조영 기술과 구조를 총체적으로 받아들인 고분이므로 이를 축조하는데 왜에서 도래한 집단이 관여한 것은 틀림없다. 석실에는 왜계갑옷과 대가야계 무기가 부장되었으며 분구에서 소가야계 토기가 출토되었다.

장목고분이 바다를 의식하여 축조된 것은 분명하며, 고분에서 내려다 볼 수 있는 간곡만은 일본열도에서 한반도로 올 때 최적의 기항지 중 하나이다. 그리고 주위에 지역집단의 무덤이 축조되었음에도 장목고분은 거기서 떨어져 단독으로 축조되었다. 피장자는 이 지역에서 이질적인 존재로 묻힌 것이 분명하며 왜인이었을 가능성이 크다(하승철 2006).

이 지역으로 건너와 장목고분을 조영한 왜인집단은 대가야, 소가야와 왜의 교섭을 담당한 것으로 생각된다. 뿐만 아니라 남해안을 따라 서쪽의 영산강유역이나 백제로 나아가고자 했을지도 모른다. 하여튼 낙동강과 남강루트로 진입하기 위해 혹은 남해연안의 항로로 나아가기 위해 간곡만을 적절하게 이용하였을 것이다.

왜계고분의 피장자를 어떻게 생각할 것인가

왜계고분의 피장자에 대해서 부언해둔다. 장목고분과 같은 왜계

고분의 피장자가 왜인이었는가 아니면 현지의 사람이었는가라는 문제에 너무 한정해 버리면 묻힌 사람들과 고분을 축조한 집단의 활동을 특정 사회의 입장에서 일방적으로 파악할 위험성이 있다.

지금까지 소개한 모든 왜계고분은 한반도 연안부와 섬, 가야와 백제 교통로의 요충지에 축조되었다. 그리고 각 지역의 지역집단과 관련을 맺고 있었다. 한반도의 여러 사회가 보낸 위세품을 부장한 사례도 있다. 따라서 왜계고분에 묻힌 사람의 출신지가 왜였다고 하더라도 그(그녀)의 활동이 항상 왜측, 다시 말해 왜왕권이나 북부 규슈의 의향을 따랐다고는 할 수 없다. 아마 한반도의 입장을 대변하여 행동하는 경우도 많았을 것이다.

따라서 왜계고분의 피장자에 대해서는 당시 경계지를 왕래하면서 왜와 한반도를 잇는 역할을 실제로 담당한, 말하자면 경계지에 살았던 사람들로 평가하는 것이 더욱 중요하다.

교통로로 본 대가야의 특색

이야기가 길어졌으나 이상으로 6세기 전반의 섬진강루트, 남강루트, 낙동강루트를 둘러싼 정세에 대하여 검토했다. 결국, 대가야는 단일 대외교통로를 안정적으로 확보하지 못했던 것 같다. 섬진강루트는 백제, 남강루트는 소가야의 협조가 필요했으며 낙동강루트도 가야 침공을 시도한 신라와의 관계에 항상 주의를 기울여야 했다. 교통로를 따라 위치하는 지역집단의 회유도 불가결했다.

단일루트를 장악하지 못한 대신, 대가야는 여러 교통로를 임기응변으로 활용하여 왜와 지속적으로 교섭했다. 오히려 이것이 대가야가 취한 대외활동의 특색일 것이다. 결과론이기는 하나 단일루트에 의존하지 않았던 것이 오히려 대가야의 활발한 대외활동을 가능하게 했을지 모른다.

마지막으로 대가야가 멸망할 때까지의 움직임을 개관하면서 대왜교섭의 목적을 부각시키고자 한다.

대가야의 멸망과 왜

섬진강유역(기문·대사)의 영유를 둘러싸고 백제와 대립하던 대가야는 522년 신라와 결혼동맹을 맺는다. 그러나 529년에 이 동맹이 파기되어 외교공작은 실패로 끝난다. 이 해, 신라는 본격적으로 가야를 침공한다. 대가야는 왜로 사신을 보내 군사지원을 요청하나 532년에 금관가야가 신라에 항복한다. 낙동강 하류역은 완전히 신라세력권이 되었으며 대가야는 낙동강루트를 이용할 수 없게 된다.

그 후, 금관가야의 부흥을 목표로 하는 '임나부흥회의(任那復興會議)'가 열리나 회의에 참여한 각 사회의 이해관계가 어긋남에 따라 특단의 성과를 올리지 못했다. 이즈음 대가야는 백제, 신라의 양쪽에서 압박을 받아 친백제파와 친신라파로 분열되고 급격하게 쇠퇴의 길을 걷게 된다(田中 1992).

이 분열의 상황은 고고학적으로 어느 정도 읽을 수 있다. 예를 들어 이 시기 고령에는 고아동벽화고분이 조영된다. 이 고분은 석실의 형태, 벽화, 부부합장 등 백제 묘제의 영향이 농후하다. 묻힌 사람은 친백제계의 왕족, 혹은 백제에서 파견된 유력자였을 것이다. 한편 대가야가 멸망하는 562년 이전에 부장된 토기가 모두 신라토기로 일변하는 고분군도 확인할 수 있다(이희준 2007). 일찍부터 친신라적인 입장을 취한 지역집단도 있었을 것이다.

이처럼 대외적으로 고립되고 대내적으로도 분열상황에 빠진 대가야가 우호적인 관계를 유지할 수 있는 유일한 상대가 왜였다. 지금까지 살펴본 것처럼 대가야권에 산재하는 왜계고분과 왜계의 문물, 혹은 일본열도에서 출토된 대가야계의 문물이 이를 말한다. 급속하게 악화된 정세를 타개하기 위해 왜와 교섭한 대가야의 모습을 볼 수 있다.

멸망 직전, 대가야의 대외교통로는 남강루트에 거의 한정되어 있었을 것이다. 신라, 백제의 동향과 상관없이 대가야가 이용할 수 있는 교통로는 남강루트가 유일했다. 그러나 소가야의 왕족묘(송학동1호분)에는 신라계와 백제계 문물도 많이 부장되어 있다. 그 배후에 신라와 백제가 소가야를 통합하고자 하는 의도를 엿볼 수 있다. 아마 6세기 중엽 즈음의 어느 시점에 남강루트도 봉쇄되었을 가능성이 크다.

대외교통로를 완전하게 상실하여 내륙에 갇힌 대가야는 그 이상의 타개책을 찾아내지 못하여 약체화되고, 결국 562년 신라에 투항하게 된다.

제5절 한반도 정세와 왜의 움직임

지금까지 5세기 후반부터 6세기 전반까지 백제, 신라, 그리고 대가야를 둘러싼 정세, 그리고 각각의 대왜교섭에 대해 살펴보았다. 이를 정리해두고자 한다.

백제·신라·대가야의 협조와 왜 – 5세기 후반

우선 5세기 후반에는 고구려 남하에 공동으로 대처하기 위해 백제-대가야-신라의 협조적인 관계가 형성되었다. 이 관계를 기반으로 각 사회는 자신을 둘러싼 정세를 타개하기 위해 왜와 교섭을 거듭했다.

이 시기 왜의 고분에서 신라계 부장품과 백제·대가야계 부장품이 함께 확인되는 것으로 보아 삼자가 관계를 강화해가는 가운데 공동으로 왜와 교섭한 것 같다. 『日本書紀』에 일관되게 적대적으로 그려진 신라도 정세의 호전을 위해 왜와 관계를 모색하고 있었다.

가야의 멸망과 왜 – 6세기 전반

6세기에 들어서면 백제가 섬진강유역(기문·대사)으로 진출하고, 신라가 가야를 침공하면서 백제, 대가야, 신라의 협조적인 관계는 와해되고 한반도의 정세는 더욱 긴박해진다. 이로 인해, 5세기 후반과 달리 삼자는 각각 개별로 왜와 교섭한 듯하다. 백제와 대가야는 고구려 남하에 대응하면서 동시에 신라의 가야침공을 저지하고자 왜왕권과 우호적인 관계를 유지했다. 백제는 수차례에 걸쳐 지식층(博士)을 보냈으며 특히 553년에는 대규모의 지식층과 기술자들을 제공했다. 대가야는 백제와 신라의 압박이 거세지는 가운데 여러 교섭루트를 구사하여 왜와 교섭을 거듭하였으나 성과를 거두지 못하고 562년에 멸망한다.

한편 신라는 가야를 침공하는 데 왜가 장해(障害)가 되지 않도록 적당한 관계를 유지한 듯하다. 그러나 왜왕권에 의한 가야 구원이 현실화되자 규슈의 대수장인 이와이에게 접근하는 등 당시 왜의 정세를 잘 이해하고 전략적인 외교공작을 펼쳤다.

이상과 같이 긴박해진 한반도 정세 속에서 각 사회는 국제적인 고립을 회피할 필요성, 다른 사회의 대외활동을 견제할 목적으로, 왜에 활발히 문물을 제공하거나 공인과 지식인을 파견한 것이다.

왜의 움직임

그렇다면 왜는 어떤 형태로 한반도와 교섭했을까? 왜, 특히 왜왕권의 입장에서 보면 남하하는 고구려, 이에 대치하는 백제-대가야-신라라는 5세기 후반의 대립구조는 오히려 불안정하게 비쳤을 것이다. 왜냐하면, 백제·대가야·신라는 고구려 남하에 대응하기 위해 협조적이었을 뿐, 항상 우호적인 관계였던 것이 아니기 때문이다. 그 증거로 6세기 전반이 되면 정세는 더욱 유동화되어가는 상황을 들 수 있다.

특히 금관가야의 쇠퇴와 대가야의 성장, 백제의 일시적인 멸망, 그리고 신라의 동래 압박 등은 왜왕권의 기득권익에 영향을 끼친 중대한 사건이었다. 이러한 한반도의 정세에 대응하면서 안정적으로 선진 문화를 수용하기 위해 지금까지 해 온 것처럼 일본열도 각지의 지역사회와 야합하는 것만으로는 불충분했다. 그래서 왜왕권은 지역사회가 가진 다양한 교섭 채널을 장악하고 왜의 외교권을 일원화하고자 한 것이다.

이 때 왜왕권이 결코 무시할 수 없는 지역사회가 두 곳 있었다. 바로 세토우치의 기비지역과 북부 규슈지역이다. 다음 절에서 무대를 일본열도로 옮겨, 이 두 지역사회의 관점에서 왜왕권이 외교권을 장악하고자 한 움직임에 대해 살펴보고자 한다.

우선 5세기 후반 기비지역을 검토하는데 이 문제를 생각하는 계기가 된 발굴조사 경험부터 이야기하고자 한다.

제6절 기비 사회와 왜왕권의 확집

덴구야마고분의 발굴조사

1998년 3월, 오카야마대학 석사과정이었던 필자는 오카야마현 구라시키(倉敷)시에 있는 덴구야마(天狗山)고분의 발굴조사에 참여했다.

덴구야마고분은 오카야마 삼대 하천 중 하나인 다카하시카와(高梁川)와 히로시마(広島)현 동남부에서 오카야마현 서부로 흐르는 오다카와(小田川)가 합류하는 지점의 구릉 정상에 입지한다.

분구는 후원부에 비해 전방부가 짧은 가리비형(帆立貝形)의 전방후원분으로 길이는 60m 정도이다. 후원부의 서쪽에는 장송 의례가 이루어진 제단이 설치되어 있다.

1930년대에 이미 후원부 중앙에 위치한 수혈식석실이 드러났고 부장품도 확인되었다. 이와 관련해서는 다행히 기록이 남아 있으며 당시 출토된 부장품도 도쿄국립박물관에 소장되어 있다. 부장품으로 보아 덴구야마고분은 5세기 후반에 축조된 것으로 추정된다.

1998년 이후, 오카야마대학 고고학연구실에 의해 매년 3월 봄 방학 때마다 발굴 조사가 이루어졌다. 조사의 목적은 덴구야마고분이 축조된 배경을 살펴봄으로써 5세기 후반 기비와 왜왕권의 관계를 밝히는 것이었다.

조사에 앞서 현지를 답사하였을 때, 고분의 후원부에 깊이 2.5m 정도의 큰 수혈이 있었다. 이는 1930년대 이루어진 '조사'의 흔적으로 보였다. 조사단장인 마쓰키 다케히코(松木武彦) 씨는 이 수혈에 쌓인 흙을 제거하면 간단히 석실을 재발견할 수 있으리라 생각했다. 물론 필자도 그렇게 생각했다.

그러나 조사가 시작되어 조금씩 파 내려가도 석실의 모습은 전혀 보이지 않았다. 필자는 조사구의 설정과 분구의 측량을 담당했기 때문에 발굴 모습을 보면서 '혹시 전부 파괴된 것이 아닐까'라고 생각했다.

조사가 거의 끝나갈 무렵인 3월 하순, 발굴 도구를 삽으로 바꾸어 빠른 속도로 파 내려갔다. 그리고 조사를 철수하기 3, 4일

전이었던 것으로 생각되는데 드디어 석실의 개구부를 확인할 수 있었다. 분구의 정상에서 5m 정도 내려온 곳이었다. 개구부는 석실 측면의 벽을 뚫고 나와 한 사람이 엎드려서 겨우 출입할 수 있는 정도의 크기였다.

당시 석실의 모습을 마쓰키 씨는『未盜掘古墳と天皇陵古墳』(미도굴고분과 천황릉고분 2013년, 소학관)에 다음과 같이 기록했다.

'이 수혈에서 석실 안으로 머리를 넣고 플래시 빛을 비추어 좌우를 보았는데 바로 오른쪽이 단변측의 벽, 즉 석실의 단에 닿아 있었다. 공간은 왼쪽으로 길게 늘어나 있었으며 그 안쪽, 옅은 빛이 닿는 곳에 겨우 반대측 단의 벽이 확인되었다. 사방의 벽은 벽돌 크기의 각력(角礫)으로 쌓았으며 돌과 돌 사이에 점토를 충전하여 표면을 다듬었고 붉은 안료가 칠해져 있었다. 천정, 즉 개석의 아랫면도 붉게 발라져 있었다. 전체가 완전 붉은 세계이다'

| '재발견'된 덴구야마고분의 석실(오카야마대학 고고학연구실)

(118~119쪽).

조사 당시 필자는 석사 논문의 테마로 앞 장에서 소개한 도래 계 수혈식석실을 선정하고 연구에 몰두하고 있었다. 덴구야마고분의 석실도 남은 도면을 보아 도래계 수혈식석실이라 예상하였다.

석실이 재발견되었을 때, 개구부에서 석실에 머리를 넣고 내부를 들여다보았다. 제한된 관찰이기는 하였으나 분구의 정상에서 많이 내려온 곳에 석실이 설치된 것, 네 벽이 직립하며 벽석 사이에 점토를 충전한 것, 평면의 폭이 넓은 것 등 도래계 수혈식석실의 특징을 갖추고 있었다. 약 70년 만에 모습을 드러낸 석실의 장엄함이 두려우면서도 '역시 이 석실은 한반도계일 것'이라는 고양감에 몸이 떨렸다. 당시의 흥분은 지금도 잊을 수 없다.

그러나 석실은 붕괴 직전이었다. 우측 벽은 크게 붕괴되어 밀려나 있었으며 개석에 균열이 나 있었다. 틀림없이 높이 5m 정도의 분구 토압 때문이었다. 붕괴위험 때문에 석실 안으로 완전히 들어갈 수 없었다. 일단 개구부를 토낭으로 막고 1년 후의 조사를 대비하기로 했다.

석실의 실측 조사에 참가하다

그리고 이듬해 1999년 3월, 석실의 형상을 정확히 기록하는 실측 조사가 이루어졌다. 붕괴 직전의 석실에 들어가는 것은 목숨을 거는 것과 마찬가지였다. 그래서 원칙적으로 마쓰키 씨 혼자 석실에 들어가 조사를 하기로 했다. 그러나 필자도 석실에 들어가고 싶어 견딜 수 없었다.

마쓰키 씨는 당시를 회상하면서 석실의 조사 작업이 '혼자서
는 아무리 하여도 벅찼기 때문에 개구부와 매우 가까운 곳만 학
년 최연장자이며 대학원에 재적하고 있던 다카타 간타(高田貫太)
군과 작업을 분담했다'(120쪽)고 기록했다. 그러나 마쓰키 씨 혼
자서도 작업은 충분히 가능했을 것이다. 필자가 참가할 수 있었
던 것은 석실 실측에 반드시 참여하고 싶다고 마쓰키 씨에게 직
접 이야기했기 때문이다. 학생의 안전을 책임졌던 마쓰키 씨의
심정을 고려하지 않고 마음대로 행동한 자신이 지금은 매우 부끄
럽기만 하다.

그래도 실측작업은 즐거웠다. 3월 12일부터 1주일 정도, 석실
안에는 마쓰키 씨가 자리를 잡고 필자는 그 옆의 개구부 근처에
서 실측했다. 묵묵하게 벽석 하나하나를 실측하여 도면을 그리는
작업을 통해 석실의 구조를 눈에 강렬하게 새길 수 있었다.

덴구야마고분의 석실을 재발견하는 데 참관하고 조사에 참여
한 것은 필자가 앞으로 할 연구의 방향성을 정하는 데 결정적인
계기였다. 그 조사 성과를 정리한 보고서는 2015년에 간행되었다
(岡山大学考古学研究室 외 2015).

덴구야마고분은 기비 서부의 오다카와 하류역에서 최대 규모
를 자랑한다. 5세기 후반 지역의 수장이 묻힌 것은 틀림없다. 후
술하겠지만, 수혈식석실 외에도 한반도계의 요소가 농후하게 확
인되며 동시에 왜왕권과의 유대관계도 엿볼 수 있다.

따라서 오다카와 하류역을 근거지로 삼아 덴구야마고분을 축

조한 집단(덴구야마집단)을 통해 한반도 교섭을 둘러싼 기비와 왜 왕권의 교섭을 밝혀보고자 한다.

덴구야마고분의 한반도계 요소

우선은 덴구야마고분에 보이는 한반도계 요소를 정리해보자. 매장시설은 전형적인 도래계 수혈식석실이다. 목관의 조립에 꺾쇠를 사용한 것은 이를 뒷받침한다. 부장품을 보면 호록(화살을 수납하여 휴대하기 위한 도구)과 철촉 등의 무기, 녹각으로 만든 손잡이를 갖춘 도자, 가래와 괭이에 부착한 U자형삽날, 그리고 마구 등을 한반도계로 평가할 수 있다. 호록은 신라권에서 많이 출토되는 것과 유사하며 재갈과 행엽 세트(f자형경판부비, 검릉형행엽)는 대가야계의 가능성이 크다.

그리고 또 하나, 주목할 수 있는 것으로 의례 장소인 분구 서쪽 제단에서 출토된 토기이다. 이 토기들은 장송 의례 때 사용된 것인데 이 가운데 한반도 서남부, 영산강유역에서 반입된 것이 포함되어 있다.

덴구야마고분 출토 영산강유역계 토기(오카야마대학 고고학연구실)

낙동강 하류역, 영산강유역, 그리고 왜왕권의 유대관계

이처럼 덴구야마고분에 보이는 한반도계 요소를 통해 덴구야마 집단이 한반도의 어느 지역과 관계를 맺었는지 알 수 있다. 우선 부장품의 종류와 도래계 수혈식석실로 보면 낙동강 하류역, 특히 동래지역과 관계가 깊다. 그리고 제단에 공헌된 토기는 영산강유역과 관련성을 나타낸다.

한편 덴구야마고분의 부장품 가운데 생선의 비늘처럼 철판을 이은 갑옷(소찰갑)과 거울이 부장되어 있다. 이는 왜왕권과 유대관계를 상기시킨다. 또 대가야계 마구 세트는 이 시기 일본열도 각지에 분포하기 때문에 왜왕권과의 관계 속에서 마구를 입수하였다는 견해도 있다.

이처럼 덴구야마고분을 축조한 집단은 한반도(낙동강 하류역, 영산강유역) 및 왜왕권과 밀접한 유대관계를 맺고 있었다. 과연 덴구야마고분의 조영에는 어떠한 역사적 배경이 있었던 것일까?

오다카와 하류역의 지세

덴구야마고분은 다카하시카와의 하류와 오다카와의 합류점을 남쪽에서 내려다보고 있다. 분구의 정상에서는 오다카와가 형성한 넓은 충적평야도 내려다 볼 수 있다. 덴구야마집단은 이 평야를 경제적 기반으로 삼았을 것이다. 이것을 덴구야마고분이 축조된 하나의 배경으로 평가할 수 있다.

또 두 하천의 합류점을 내려다보는 입지만이 아니라 다카하시카와를 내려오면 바로 세토나이카이로 나갈 수 있으므로 고분

다카하시카와(중앙의 구릉정상에 덴구야마고분이 있다)

과 당시 교통로의 관계를 지적할 수 있다. 당시 기비의 남쪽에는
세토나이카이 연안을 따라가는 항로, 북쪽에는 동서를 횡단하듯
이 하리마(播磨)에서 이즈모(出雲)에 이르는 육로, 즉 두 개의 간선
로가 있었다. 이를 잇듯이 요시이카와(吉井川), 아사히카와(旭川),
아시모리카와(足守川), 다카하시카와 등 하천교통로가 남북으로
이어져 있다(新納 2002). 그리고 한반도로부터 아시모리카와와 다
카하시카와의 하류에 존재한 항구를 거쳐 도래인이 기비의 각지
로 도래·정착하는 경우가 많았다(亀田 1997).

　　덴구야마고분은 세토우치항로와 다카하시카와 루트가 교차하
는 바로 이 곳에 위치하고 있다. 덴구야마고분과 다카하시카와를
사이에 둔 대안에는 한반도계의 토기가 대량으로 출토된 항구 관
련 유적(菅生小学校裏山유적)이 입지한다. 그리고 다카하시카와와
오다카와를 거슬러 올라가면 기비의 각지로 다다를 수 있다.

이처럼 오다카와 하류역은 한반도로부터 다양한 물건, 사람, 정보가 왕래한 교통로의 요충지이다. 덴구야마집단이 이 하천, 해상교통을 장악한 것이야말로 덴구야마고분을 조영할 수 있었던 두 번째 배경일 것이다.

네트워크의 참가

제2장 제6절에서 세토우치에 분포하는 도래계 수혈식석실과 목곽을 채용한 고분을 근거로 선진기술, 정보, 제사 방식 등을 주고받은 네트워크가 전개된 것을 검토했다. 5세기 후반은 이 네트워크가 가장 활발하게 기능한 시기로 덴구야마집단도 이를 적극적으로 활용하고 있었다.

도래계 수혈식석실에 묻힌 사람들의 모습은 크게 두 가지로 나누어 볼 수 있다. 우선 하천, 육로, 그리고 해상교통을 실질적으로 담당하고 선진 문화의 도입에 적극적이었던 기비 각 지역집단의 수장들이다. 덴구야마고분에 묻힌 사람이 대표적인 사례이다. 또 하나는 스에키와 철기 등 생산 활동에 종사한 집단의 장들이다. 이러한 사람들이 세토우치의 네트워크에 참가한 주체이며 한반도와 직접 교섭하거나 선진적인 생산 활동을 담당하고 있었다.

5세기 기비의 중심에는 쓰쿠리야마(造山)고분, 쓰쿠리야마(作山)고분, 그리고 료구잔(両宮山)고분이라는 초대형 전방후원분이 축조되었다. 여기에 묻힌 기비의 최고수장은 이 네트워크를 지원, 관리, 장악하여 다양한 선진 문화를 수용했다. 덴구야마집단도 기비 중핵의 대외교섭을 담당했을 가능성이 클 것이다. 이러한 상황이 덴구야마고분을 조영한 세 번째 배경이다.

탁월한 덴구야마고분

지금까지 덴구야마고분이 축조된 배경으로 ①오다카와가 형성한 충적평야라는 기반, ②하천과 해상교통의 장악, ③세토우치에 펼쳐진 네트워크의 참가라는 세 가지를 들었다.

　그러나 이 세 가지만으로는 이 지역에서 갑자기 고대한 분구를 가진 덴구야마고분이 출현한 배경을 설명할 수 없다. 덴구야마고분이 입지하는 구릉에는 북쪽에 작은 방분군(方墳群), 동서쪽에는 원분군(圓墳群)이 있다. 이 고분군들이 축조된 정확한 시기는 알 수 없으나 작은 방분군은 덴구야마고분보다 일찍 축조되었을 가능성이 크다. 그렇다면 이 방분군이야말로 덴구야마집단의 원래 묘지였으므로 지금까지 이야기한 세 가지 배경은 이 방분군의 형성과도 관련된다. 따라서 덴구야마고분이 방분군 안에서 탁월한 존재가 된 배경을 다시 생각할 필요가 있다.

　그래서 주목할 수 있는 것이 부장품을 통해 확인할 수 있는 왜왕권과의 관계이다. 전절에서 보았듯이 5세기 후반이 되면 한반도의 정세는 긴박하게 돌아간다. 이에 대응하기 위해 왜왕권은 지역사회 교섭권의 장악을 시도한다. 우선 목표로 정한 것이 세토우치 네트워크의 중핵인 기비였던 것이 아닐까 생각한다. 실은 『日本書紀』에 이 왜왕권의 움직임을 여실히 나타내는 사건이 기록되어 있다. 바로「기비의 반란」전승이다.

'기비의 반란'이란

『日本書紀』에는 기비 일족이 雄略大王에게 '반란'을 일으켰다는 세 종류의 전승 기사가 기재되어 있다. 이를 '기비의 반란' 전승이라고 한다. 이 사건에 대해서는 오랜 세월에 걸쳐 자세히 검토되고 있다. 이 성과들을 기초로 대강의 줄거리를 정리해보면 다음과 같다(吉田 1995).

① 『日本書紀』雄略7년(463) 8월조: 왜왕권에게 '官者(관자)'로 봉사했던 '吉備弓削部虛空'는 기비의 대수장인 '吉備下道臣前津屋'이 雄略(유랴쿠)大王을 저주하는 장면을 목격한다. 그 내용을 雄略에 보고하자 雄略은 군사를 보내 前津屋과 그 일족 70명의 죄를 묻고 그들을 죽였다.

② 『日本書紀』雄略7년(463) 是歲조: 기비의 대수장인 '吉備上道臣田狹'이 기나이의 유력기족인 가쓰라기(葛城)씨와 혼인관계를 맺어 '毛媛(吉備稚媛)'을 처로 삼았다. 그러나 가쓰라기(葛城)씨의 몰락을 계획한 雄略大王은 이 혼인관계를 인정하지 않고 田狹을 죽이고 그 처를 빼앗는다. 이 사건에는 기비의 중소수장이며 雄略의 지시에 따라 활동하는 '吉備海部直赤尾'가 등장한다.

③ 『日本書紀』清寧即位前紀: 雄略大王이 죽은 후 雄略과 吉備稚媛의 사이에서 태어난 '星川皇子'가 어머니의 말을 따라 大藏을 점령하고 대왕의 지위를 노렸다. '吉備上道臣'도 수군을 이끌고 星川皇子를 지원하고자 하였다. 그러나 雄略의 측근인 '大伴室屋大連'과 '東漢掬直'이 星川皇子와 稚媛을 죽이고 반란을 미리 막았다. 그

리고 吉備上道臣의 책임을 추궁하였다.

이 전승 기사를 그대로 신용할 수는 없으나『日本書紀』에 세 차례에 걸쳐 '반란'이 기록된 지역사회는 기비 이외에 없다. 고고학적으로 보아도 기비에는 쓰쿠리야마(造山)고분-쓰쿠리야마(作山)고분-료구잔(両宮山)고분으로 이어지는 최고수장분의 조영이 갑자기 정지되며, 6세기 중엽까지 대규모의 전방후원분은 축조되지 않는다. 즉 왜왕권은 기비의 중심세력에 타격을 가하여 이를 진압하였을 가능성이 크다.

왜왕권과 덴구야마집단

한편 기비 중에서도 세토나이카이에 면한 장소와 육로·하천교통의 요충지에서는 중소규모의 전방후원분이 그대로 축조되거나 새로 만들어지는 경우가 있다. 덴구야마고분이 전형적인 사례이다. 이러한 고분에는 다음과 같은 세 가지 특징이 있다.

① 매장시설이 도래계 수혈식석실이거나 한반도계 문물을 부장하는 경우가 많다.
② 왜왕권과 관련성을 나타내는 부장품도 확인된다.
③ 세토나이카이로 쉽게 나갈 수 있는 지세이다.

이러한 고분에 묻힌 사람은 '기비의 반란' 전승에 등장하는 '吉備弓削部虚空'과 '吉備海部直赤尾'와 같이 기비의 대수장이 아니라 왜왕권에 충실한 중소 수장층이지 않을까?

예를 들어 가메다 슈이치(龜田修一) 씨는 우시마도(牛窓)만 연안에 대하여 고분의 규모로 보아 '기비의 반란' 후에도 '전대의 힘이 어느 정도 유지된' 상황에 주목한다. 그리고 이곳이 근거지였던 지역집단은 원래 우시마도만을 통해 해상교통을 장악하여 '기비가 압박을 받던 5세기 후반 이후에도 아마 기비를 압박한 야마토정권으로부터 바다의 힘을 인정받은 것'으로 생각했다. 더욱이 '吉備海部直' 씨 일족의 근거지가 우시마도만 연안이었을 가능성을 지적한다(龜田 2001: 130~131).

가메다 씨의 견해를 따르면서 ①~③과 같은 특징을 종합화하면 덴구야마집단도 '吉備海部直' 씨와 유사한 성격을 지닌 것으로 볼 수 있다. 즉 하천, 해상교통의 경험을 배경으로 외교권을 장악하고자 한 왜왕권과 직접적으로 관계를 맺은 지역집단의 모습이다.

덴구야마고분 조영의 배경

왜왕권은 기비 사회가 가진 한반도와의 유대관계를 자신의 것으로 삼기 위한 방책으로 하천, 해상교통에 능통한 기비 각지의 지역집단을 징발하고, 이를 재편성하고자 했다. 이를 위해 기비 중심세력을 진압했을 것이다. '기비의 반란'에는 이 같은 왜왕권의 의도가 있었다.

왜왕권의 움직임에 호응하여 그 산하에 스스로 들어간 덴구야마집단에게는 해상교통을 둘러싼 기득권의 안도, 안정된 선진문화의 수용·정착의 기회가 어느 정도는 보장되었을 것이다. 이처럼 왜왕권과 덴구야마집단이 직접적으로 맺은 관계가, 오다카와 하류역에서 탁월한 덴구야마고분이 출현한 최대의 요인이었다. 덴구야마집단은 왜왕권이 기비 중심세력을 진압하는 가운데 대외활동을 통해서 자신의 정체성을 유지하기 위해 일부러 왜왕권으로 접근한 것이었다.

그 후의 덴구야마집단

6세기 전반이 되면 덴구야마집단은 니마오쓰카(二万大塚)고분(분구 길이 38m의 전방후원분)을 축조한다. 매장시설은 기나이형 횡혈식석실이며 부장품도 기나이적인 요소가 짙다. 한편 한반도계 부장품도 적지 않게 포함되어 있다. 왜왕권과 밀접한 관계 속에서 하천, 해상교통에 종사하고 있었을 것이다.

　이상과 같이 5세기 후반의 왜왕권은 기비 사회가 갖고 있던 한반도와의 다양한 유대관계, 그리고 세토우치의 네트워크를 일단 수중에 넣는 데 성공했다.

제7절　왜왕권에 의한 외교권 장악 – '이와이의 난'을 둘러싸고

무대를 북부 규슈로

기비보다 한반도와 더욱 다양한 유대관계를 맺은 지역이 북부 규슈이다. 6세기 전반, 왜왕권과 북부 규슈는 한반도와의 관계를 둘러싸고 치열하게 대립하였으나, 결국에는 왜왕권이 그 교섭권을 장악한다. 그 상황을 나타내는 실마리는 신라와 관계를 나타내는 다양한 고고자료, 그리고 『日本書紀』에 기록된 '이와이의 난'과 관련된 일련의 기사이다.

신라와 북부 규슈

제2절에서 후쿠오카현 하제야마고분을 언급하면서 그 피장자가 북부 규슈와 신라의 직접 교섭에 종사하였을 가능성을 지적했다. 하제야마고분이 위치한 온가카와(遠賀川)유역에서는 신라와 관련된 자료를 많이 확인할 수 있다. 하제야마고분에서 멀지 않은 곳에 축조된 오바사니시(小正西)고분 1호 석실에서는 현재 일본열도에서 유일한 형태의 신라계 등자가 출토되었다. 또 그 동쪽, 다카와(田川) 분지에 위치하는 세스도노(セスドノ)고분의 매장시설인 수혈계 횡구식석실은 대구지역─신라의 유력한 지역사회 중 하나─에서 계보를 구할 수 있다. 이 고분에서는 신라에서도 유력한 고분에 한정되어 부장된 장식마구와 도질토기가 출토되었다.

이와 함께 중요한 것은 신라에만 한정되지 않고 대가야, 백제와 관련된 부장품도 함께 출토되는 것이다. 그리고 모든 고분은 온가카와 수계를 내려와 현해탄으로 나갈 수 있다. 다카와 분지는 육로로 부젠(豊前) 북부의 스오우나다(周防灘) 연안의 각지로 빠질 수 있는 교통의 요충지이기도 하다.

또 현해탄 연안의 무나카타(宗像)지역에서도 신라계의 수혈계 횡구식석실을 매장시설로 한 후쿠오카현 가쓰우라 이노우라(勝浦井ノ浦)고분이 축조되었다. 부장품으로는 백제와 대가야에서 계

보를 구할 수 있는 마구가 포함되어 있다. 이 고분은 후쿠쓰(福津) 시의 아라지(在自)~가쓰우라(勝浦)에 걸쳐 그 당시 형성된 석호의 가장 깊은 곳에 위치한다. 이 석호는 항구로서 이용된 것 같다.

이상과 같은 고분을 축조한 집단은 북부 규슈의 유력수장 아래에서, 현해탄을 매개로 한반도의 여러 사회(특히 신라)와 활발하게 교섭하고 있었다. 북부 규슈의 주체적인 교섭 활동은 대수장인 이와이의 묘로 여겨지는 후쿠오카현 이와토야마(岩戸山)고분이 축조될 때까지 이어진 듯하다.

이러한 북부 규슈의 움직임은 외교권을 장악하고자 한 왜왕권에게 점차 부담으로 다가온 것이 틀림없다. 그리고 양자는 멸망의 위기에 처한 가야로 구원을 보내는 것을 둘러싸고 결정적으로 대립하여 항쟁이 일어난다. 이것이 나중에 '이와이의 난'이라고 불렸다. 이 사건을 통해 왜왕권이 외교권을 장악해 가는 과정에 대해 생각해보고자 한다.

'이와이의 난'의 평가

'이와이의 난'은 527년(531년으로 보는 견해도 있다)에 발발한 왜왕권(게이타이대왕, 継体大王)과 북부 규슈(쓰쿠시노키미 이와이, 筑紫君磐井)의 항쟁이다. 『日本書紀』에는 많은 지면을 할애하여 '이와이의 난'의 경과를 기록하고 있다. 또 『古事記』와 『筑後国風土記』의 逸文에도 기록되어 있어 이 문헌이 편찬된 8세기에도 사람들에게 중대한 사건으로 인식되었음을 알 수 있다.

'이와이의 난'에 대하여 1960년대까지는 다음과 같이 생각되

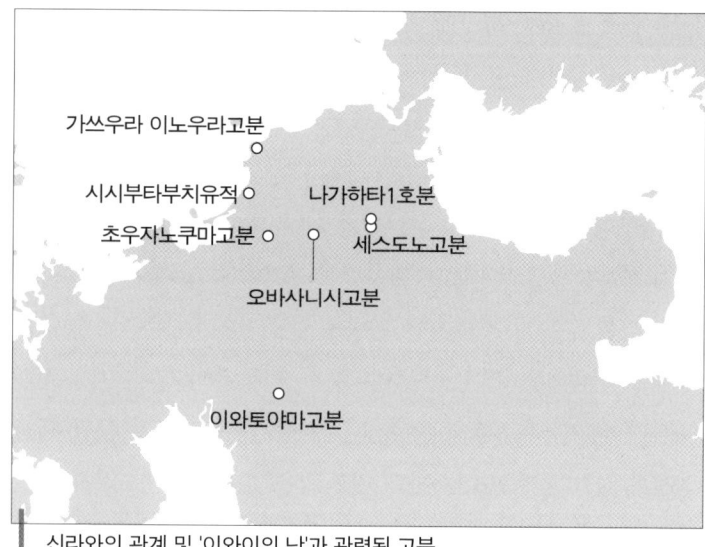

신라와의 관계 및 '이와이의 난'과 관련된 고분

었다.

북부 규슈는 임나 지배를 위한 병참기지로서 야마토 조정으로부터 많은 부담을 강요받고 있었다. 그 부담을 견딜 수 없었던 각지의 수장과 민중은 북부 규슈의 대수장이며 야마토 조정의 지방행정관(國造)이기도 했던 이와이에게 결집하여 야마토 조정에게 반기를 들었다.

야마토 조정에 대한 지방행정관의 '반란'이라는 도식이다. 그러나 서장에서도 언급했듯이 1970년대 이후에는 '임나지배'론의 허구성이 논증되는 가운데 '이와이의 난'의 평가도 크게 바뀌었다. 현재에는 대략 다음과 같이 정리할 수 있다.

북부 규슈의 대수장이었던 이와이는 독자적으로 한반도와 교섭하면서 왜왕권의 외교정책에도 협조하고 있었다. 그러나 신라의 가야침공을 계기로 왜왕권은 북부 규슈의 대외교섭권을 장악하고자 한다. 그래서 이와이는 신라와 손을 잡는 한편 왜왕권과 관계를 끊고 항쟁하게 된다.

이를 단순히 지방행정관의 '반란'으로 볼 수는 없다. 오히려 대외교섭권을 둘러싼 왜왕권과 북부 규슈의 '전쟁'이라는 평가가 잘 어울린다(山尾 1999; 吉田 2005 등).

그럼 이 '전쟁'을 일으킨 이와이란 어떤 인물이었을까. 그 실마리는 이와이가 자신의 묘로서 생전에 축조한 이와토야마고분에 있다.

'이와이'의 무덤 – 이와토야마고분

『筑後国風土記』逸文에는 이와이의 무덤에 대한 기록이 남아 있다. 위치와 규모, 분구 동북쪽의 구획(別區), 그리고 배치된 석인(石人)과 석마(石馬)를 비롯한 석제표식(石製表飾) 등이 실제로 본 것처럼 기록되어 있다. 또 고분은 이와이의 생전에 축조되었다고 한다.

오랜 연구를 통해 이 기록과 가장 일치하는 고분, 즉 이와이의 무덤로 생각되는 고분이 후쿠오카현 야메(八女)시의 이와토야마고분이다. 분구 길이 약 138m의 전방후원분으로 6세기 전엽에 축조된 전방후원분 가운데 당시의 대왕, 게이타이의 무덤으로 비정되는 오사카부 이마시로쓰카(今城塚)고분에 이어 일본열도 제4위의 규모를 자랑한다.

이와이는 이와토야마고분이 위치하는 야메지역에 본거지를 둔 지역수장이었으며, 대왕묘에 준하는 고분 규모와 방대한 수의 석제표식이 출토된 것으로 보아 규슈 각지의 유력수장들을 선도한 대수장으로 평가할 수 있다. 그 성장 배경에는 왜왕권과 밀접한 관계, 주체적인 대외활동이 있었다(柳沢 2014). 그 이와이가 왜왕권과 관계를 끊은 것이다.

'이와이의 난'의 경과

그럼 '이와이의 난'의 경과를 정리해 보자(田中 1992; 山尾 1999; 吉田 2005 등). 520년대에 들어, 신라는 왜에게 중요한 교섭 상대였던 가야를 본격적으로 침공한다. 기비의 중심세력에게 타격을 가하여 세토우치의 네트워크를 수중에 넣은 왜왕권이었으나 이 신라의 움직임으로 인해 안정적인 선진 문화의 확보하기 위해서는 외교권을 서둘러 장악할 필요가 있었다. 이러한 정세 속에서 '이와이의 난'은 다음과 같은 경과를 거치면서 발발했다.

① 524년에 신라는 가야를 침공하기 시작한다. 우선 '남가라·탁기탄'(김해와 창원 등 금관가야권)을 침공한다. 이때 아마 가야가 왜왕권에게 군사적인 지원을 요청한다.

② 왜왕권은 이 요청을 받아들여 '近江毛野臣'을 장군으로 대신라전을 위한 파병을 계획한다.

③ 이 때, 왜왕권은 규슈의 대수장이었던 이와이에게 다음 두 가지를 요청한 듯하다(山尾 1999).

－ 이와이가 관리한 현해탄연안 항구를 왜왕권의 직속으로 삼을 것.

　　－ 중북부 규슈의 군사를 동원할 것.

④ 이와이는 이 요구에 응할지 아니면 반발할지 거듭 고민했으나 신라는 이와이에게 은밀하게 '뇌물(貨略)'을 보냄으로써 왜왕권이 가야로 파병하는 것을 저지하도록 요청했다.

⑤ 이와이는 신라의 요청을 받아들여 왜왕권의 요구를 거절했다. 그리고 왜왕권과 한반도를 잇는 해로를 차단하고 '近江毛野臣' 군사가 바다를 건너는 것을 막기 위해 거병한다.

⑥ 이듬해, '이와이의 난'은 중앙에서 파견된 '物部麁鹿火'에 의해 진압된다.

⑦ 이와이의 아들인 '筑紫君葛子'는 아버지로 인하여 살해당하는 것이 두려워 '糟屋屯倉'을 바침으로써 속죄를 바랐다.

　　'이와이의 난'은 위와 같은 과정을 거쳤다. 이 경과와 6세기 전반 한일관계는 잘 부합한다. 우선 ①과 ②에서 확인되는 왜왕권과 가야, 특히 대가야와의 밀접한 관계는 제4절에서 보았기 때문에 반복할 필요는 없을 것이다. 다음으로 ④에서 확인되는 신라와 이와이의 관계도 지금까지 살펴본 북부 규슈와 신라의 관계를 반영한다. 마찬가지로 ⑤에서 왜왕권과 한반도를 잇는 해로를 차단했다는 것도 북부 규슈의 주체적인 대외활동을 뒷받침한다.

이와이를 움직이게 한 것

그리고 무엇보다 중요한 것은 난의 발발과 귀결, 각각에 왜왕권이 현해탄의 항구를 장악하고자 하는 움직임이 확인되는 것이다. '이와이의 난'이 일어나는 데 방아쇠가 된 것은 현해탄의 항구를 인도하라고 하는 왜왕권의 요구(③)이다.

한반도와의 관계가 성장의 배경이었던 이와이에게 현해탄의 항구가 왜왕권에게 접수되는 것은 자신의 지위와 권익이 크게 손상되는 것이었다. 왜왕권의 요구에 그대로 응할지 아니면 반발할지 고민을 거듭하던 이와이에게 신라가 파병을 저지하도록 요청해 온 것이다(④). 이때 이와이는 신라와 손을 잡으면 백제-가야-왜왕권에 맞설 수 있다고 생각했을 것이다(山尾 1999). 그리고 왜왕권과 관계를 끊고 전쟁을 단행했다. 이와이 자신은 나름의 승산이 있다고 판단했을지 모른다.

일원화된 교섭권과 미야케의 설치

그러나 결국 '이와이의 난'은 진압되었다. 이와이의 아들 '葛子'는 '糟屋屯倉'를 헌상함으로써 용서받은 것으로 여겨진다(⑦).

미야케(屯倉)의 성격을 한마디로 말하면 왜왕권이 일본열도 각지에 설치한 정치·경제적인 거점이다. 그 기능 중 하나가 한반도에서 온 물자 유통의 관리였다. 실제로 이 '糟屋屯倉'의 후보로 비정되는 후쿠오카현 고가(古賀)시 시시부타부치(鹿部田渕)유적에서는 담으로 둘러싸인 특수한 건물군이 확인된다. 이 유적에서는 현해탄으로 쉽게 나갈 수 있다. 그 후 북부 규슈에는 536년에도 '那津屯倉'가 설치되었다. 기비에도 555년, 556년에 '白猪屯倉'와 '児島屯倉'가 설치되었다.

이처럼 항구의 직할과 미야케의 설치를 통해 왜왕권이 얻은 것이 분명히 드러난다. 즉 왜왕권은 '이와이의 난'에 의해 그때까지 북부 규슈가 가지고 있었던 한반도와의 교섭권을 자신의 수중에 넣은 것이다.

북부 규슈의 대가야계귀고리. 히하이쓰카(日拝塚)고분(오른쪽)과 다치야마야마(立山山)8호분의 출토품(왼쪽)(가스가사교육위원회, 야메시교육위원회)

이러한 상황을 증명하듯이 6세기 전반부터 중엽에 걸쳐 왜왕권의 주요한 교섭 상대인 백제와 대가야로부터 반입된 귀고리가 규슈 각지에 널리 분포한다. 특히 북부 규슈에 확인되지 않았던 대가야계의 귀고리가 분포하는 것은 중요하다. 아마 '이와이의 난' 이후, 북부 규슈의 수장층이 왜왕권의 외교정책을 따르는 방식으로 교섭 활동을 한 결과일 것이다.

고대 국가 '일본'이 성립된 방아쇠

이상으로 기비와 북부 규슈에 주목하고 왜왕권이 지역사회의 대외교섭권을 장악하는 과정에 대해 살펴보았다. 5세기 후반부터 6세기 전반, 점점 긴박해지는 한반도의 정세 속에서 당시까지 한 것처럼 왜왕권과 지역사회가 야합하는 형태만으로는 한반도와 충분히 교섭을 할 수 없었다. 즉, 왕권에 참가하는 지역사회에 대한 왜왕권의 구심력이 자칫하면 일거에 저하될 위험이 생긴 것이다. 그러므로 왜왕권은 대외교섭권의 일원화를 목표로 했다. 이에 반발한 지역이 기비의 중심세력이며 북부 규슈의 이와이였다.

다만 지금까지 지역사회 속에서 대외교섭을 담당해왔던 집단은 왜왕권의 산하에 일단 들어가면 한층 안정적으로 선진 문화를 수용할 기회를 얻을 수 있었다. 이로 인해 왜왕권에 적극적으로 협조하는 지역집단도 적지 않았던 것 같다. 전형적인 사례가 기비의 덴구야마집단이다.

그러나 지역의 독자적인 교섭은 크게 규제되었으며 왜왕권의 의도에 따라 활동해야 했다. 그리고 점차 한반도로부터 수용한 선진문화도 왜왕권에 의존하게 되었으며 그 과정이 마치 사슬처럼 이어져 왜왕권에 의한 외교권 장악이 촉진된 것으로 생각된다.

일본열도 각지의 지역사회는 늦어도 6세기 중엽까지 한반도와 이어진 루트, 다양한 연줄을 적극적이든 소극적이든 왜왕권으로 넘겨주었다. 이것이 일원화된 외교권을 행사하는 고대 국가로서의 '일본'을 탄생시킨 방아쇠가 된 것이다.

::

인용·참고문헌

한국어

박천수, 2007, 『새로 쓰는 고대 한일교섭사』, 사회평론.

성정용, 2013, 「신봉동 백제고분군 조영집단의 성격」, 『신봉동고분군을
　　　　새롭게 보다』충북대학교박물관학술총서122.

이희준, 2007, 『신라고고학연구』, 사회평론.

조영제, 2004, 「소가야(연맹체)와 왜계유물」, 『한·일교류의 고고학』, 영
　　　　남고고학회·구주고고학회.

하승철, 2006, 「거제 장목고분에 대한 일고찰」, 『거제 장목 고분』조사연
　　　　구보고서 제40책, 경남발전연구원 역사문화센터.

하승철, 2011, 「외래계문물을 통해 본 고성 소가야의 대외교류」, 『가야의
　　　　포구와 해상활동』제17회 가야사학술회의, 김해시학술위원회.

일본어

諫早直人, 2012, 「九州出土の馬具と朝鮮半島」, 『沖ノ島祭祀と九州勢力
　　　　の対外交渉』第15回 九州前方後円墳研究会, 北九州大会実行
　　　　委員会.

李成市, 2002, 「新羅の国家形成と加耶」, 『倭国と東アジア』日本の時代史
　　　　2, 吉川弘文館.

井上直樹, 2000, 「高句麗の対北魏外交と朝鮮半島情勢」, 『朝鮮史研究会

　　　　　論文集』38.

岡山大学考古学研究室·天狗山古墳発掘調査団, 2015,『天狗山古墳』.

亀田修一, 1997,「考古学から見た吉備の渡来人」,『朝鮮社会の史的展開
　　　　　と東アジア』, 山川出版社.

亀田修一, 2001,「古墳の時代—古代国家への道—」,『牛窓町史 通史編』,
　　　　　牛窓町.

川述昭人·伊崎俊秋 외, 2000,「長畑遺跡」,『長畑遺跡 宮原遺跡 小倉古墳
　　　　　才立横穴墓』, 香春町教育委員会.

菊水町史編纂委員會, 2007,『菊水町史 江田船山古墳編』.

嶋田光一, 1991,「福岡県櫨山古墳の再検討」,『古文化論叢』, 児島隆人先
　　　　　生喜寿記念論集.

白井克也, 2000,「日本出土の朝鮮産土器·陶器—新石器時代から統一新
　　　　　羅時代まで—」,『日本出土の舶載陶磁—朝鮮·渤海·ベトナ
　　　　　ム·タイ·イスラム—』, 東京国立博物館.

鈴木一有, 2013,「清州新鳳洞古墳群の鐵器にみる被葬者集団」,『신봉동
　　　　　고분군을 새롭게 보다』, 충북대학교박물관학술총서122.

田中俊明, 1992,『大伽耶連盟の興亡と「任那」』, 吉川弘文館.

田中俊明, 2002,「韓国の前方後円形古墳の被葬者·造営集団に対する私
　　　　　見」, 朝鮮学会編,『前方後円墳と古代日朝関係』, 同成社.

新納 泉, 2002,「古墳時代の社会統合」,『倭国と東アジア』日本の時代史2,
　　　　　吉川弘文館.

橋本達也, 2015,「甲冑からみた蓮山洞古墳群と倭王権の交渉」,『우정의
　　　　　고고학』, 진인진.

松木武彦, 2013, 『未盗掘古墳と天皇陵古墳』, 小学館.

桃﨑祐輔, 2009, 「長者の隈古墳馬具の検討」, 『長者の隈古墳若杉今里窯
　　　跡』, 福岡大学人文学部考古学研究室.

安村俊史, 1996, 「被葬者をめぐって」, 『高井田山古墳』, 柏原市教育委員会.

柳沢一男, 2014, 『筑紫君磐井と「磐井の乱」』, 新泉社.

山尾幸久, 1999, 『筑紫君磐井の戦争—東アジアのなかの古代国家—』,
　　　新日本出版社.

吉田 晶, 1995, 『吉備古代史の展開』, 塙書房.

吉田 晶, 2005, 『古代日本の国家形成』, 新日本出版社.

한반도에서
바라본
海の向こうから見た倭国
고대일본

제4장

한반도의 전방후원분이 말하는 것
영산강유역과 왜

영산강유역의 전방후원분이란

전방후원분의 견학

2015년 5월 20일 이른 아침, 조금 늦잠을 잔 필자는 서울 용산역에서 목포역으로 향하는 KTX 507호에 몸을 실었다. 내리는 역은 광주 송정역. 4월에 KTX 전용선로가 목포까지 개통되면서 용산에서 광주까지 소요시간은 1시간 정도 단축되어 불과 2시간이 채 되지 않는 여정이었다.

역을 내려 마중 나온 대한문화재연구원 박태홍 씨의 차를 탔다. 목적지는 대한문화재연구원이 발굴조사하고 있는 고창 칠암리고분(1호분)이었다. 칠암리고분은 영산강유역에 분포하는 전방후원분 중 하나이다.

고분에 도착하자 이영철 원장님과 조사를 담당한 김무중 씨, 임지나 씨가 웃으면서 맞이해주었다. 이원장님은 필자가 한국에서 유학할 때부터 가깝게 지낸 사이였다. 그것이 인연이 되어 2014년도부터 3년 계획으로 공동연구를 진행하고 있었다. 김무중 씨는 일본에 정통한 연구자로 유학 시절부터 많은 신세를 졌고, 임지나 씨는 공동연구의 멤버로, 고분의 분구 축조를 전공하고 있다.

5월 초순, 이원장님으로부터 '발굴을 시작하니 반드시 견학하러 와 달라'는 부탁을 받았다. 그래서 공동연구의 협의를 겸하여 2박 3일의 답사를 계획한 것이다.

이원장님을 선두로 조사 중인 매장시설로 걸어갔다. 이때 필

칠암리고분의 매장시설

자는 매장시설의 구조를 어느 정도 예상하고 있었다. 칠암리고분을 몇 번 답사한 적이 있어 후원부 정상에 길이 1m 정도의 거암이 노출된 것을 알고 있었다. 또 지금까지 확인된 영산강유역 전방후원분의 매장시설은 규슈에서 계보를 구할 수 있는 횡혈식석실이었다. 따라서 칠암리고분의 매장시설도 '규슈계의 횡혈식석실이지 않을까, 석재가 노출된 걸로 보아 꽤 잘 남아 있지 않을까'라고 약간 안일하게 생각한 것이다. 그러나 이 예상은 크게 빗나갔다.

매장시설에 도착한 뒤 이원장님의 한 마디.

'다카타 선생. 이거 어떤 거 같아요?'

필자는 솔직히 대답할 말이 없었다. 조사를 통해 드러난 것은 철저하게 파괴된 매장시설의 '잔해'였다. 'ㄷ'자 상으로 배치된 3개의 거석은 파괴될 당시 이동되지 않아 거의 원래의 위치에 있는 듯했으나, 그외에 매장시설의 석재로 생각되는 것은 확인되지 않았다.

과연 이것은 어떤 매장시설일까. 'ㄷ'자상으로 배치된 거석이 횡혈식석실의 가장 아래단의 돌이라고 한다면 어떨까, 아니 그렇다면 분구의 높이가 현재보다도 2m 이상 높아져야 하는데 그러면 후원부가 너무 높지 않을까, 원래 횡혈식석실이었을까, 벽석의 바깥쪽을 보강하는 석재가 전혀 확인되지 않는 것이 이상하다, 이보다도 석관과 같은 시설로 생각하는 편이 낫지 않을까, 그런 사례는 들어본 적이 없는데……등등. 조사현장을 견학하면서 여러 가지를 생각했다. 이원장님에게 이야기했으나 결국 생각을 정리할 수는 없었다.

이처럼 고분을 답사했을 때 품은 인상과 실제 발굴을 통해 확인된 상황이 크게 다른 경우는—적어도 필자에게는— 많이 있다. 이를 통해 자신의 지식과 경험이 부족하다는 것을 실감하기도 하지만, 한편으로는 이 차이를 생각하는 것이 고고학의 즐거움 중 하나이기도 하다. 칠암리고분을 견학했을 때 필자는 장엄한 매장시설이나 화려한 부장품을 견학했을 때와는 또 다른 놀라움과 수수께끼에 휩싸여 있었다.

고분을 견학한 날 밤, 이원장님과 함께 저녁 식사를 했다. 칠암리고분의 매장시설을 어떻게 볼 것인가부터 시작해서 영산강유역, 백제, 왜의 교류를 어떻게 생각할 것인가, 공동연구를 어떻게 활성화할 것인가, 한일의 학계에서 현재 화제거리는 무엇인가 등 이야기 주제는 끊이지 않았다.

잔을 주고받는 가운데 이원장님이 필자에게 한 이야기는 아직도 잊을 수 없다.

"다카타선생은 제가 가장 편하게 이야기할 수 있는 사람이에요."

이원장님에게는 겉치레 말이랄까, 인사 정도의 이야기였을지 모른다. 그러나 한일 학술교류에 종사하고 있는, 대수롭지 않은 사람으로서 이원장님의 이야기는 매우 따뜻했고, 그리고 기뻤다.

최근 칠암리고분과 같이 영산강유역에 분포하는 전방후원분의 발굴조사가 활발히 이루어져 새로운 사실들이 밝혀지고 있다. 본장에서는 전방후원분이 축조된 배경을 생각하면서 영산강유역 사회와 왜의 관계를 그려보고자 한다.

전방후원분의 확인과 활발한 연구

일본열도의 독특한 무덤으로 생각되는 전방후원분이 한반도에도 존재하는 것을 처음 주장한 사람은 강인구 씨이다. 강인구 씨는 후보 고분들의 실측도를 작성하고 그것들이 전방후원분이라고 주장했다(강인구 1987). 그 후, 1990년대, 영암 자라봉고분, 광주 월계동1, 2호분, 명화동고분, 함평 신덕1호분 등이 발굴 조사되면서 한반도에도 전방후원분이 존재하는 것으로 밝혀졌다. 일본 고고학계도 큰 충격을 받았다.

함평 신덕1호분(국립광주박물관)

1990년대 후반 이후 시작된 전방후원분 피장자의 성격에 관한 연구는 현재까지 지속되고 있다. 그 성과는 일본에서 조선학회편『前方後円墳と古代日朝関係』(전방후원분과 고대한일관계 2002년, 동성사), 한국에서 대한문화유산연구센터(현재 대한문화재연구원)편『한반도의 전방후원분』(2011년, 학연문화사)에 정리되어 있다.

현재까지 확실한 전방후원분은 14기 정도 확인되었는데 한반도 서남부, 영산강유역에 집중한다. 또 축조된 시기는 대략 5세기 후반에서 6세기 전반이라는 것도 밝혀졌다.

다양한 피장자론

전방후원분에 묻힌 사람의 성격에 관해서는 논자마다 견해가 다르므로 그 모두를 소개할 수는 없다. 여기서는 '재지수장설', '왜계백제관료설', 그리고 '왜인설'로 정리하여 대표적인 논자의 견해를 간단히 소개한다.

재지수장설은 가장 많은 연구자가 주장한다. 특히 2002년, 다나카 도시아키(田中俊明) 씨의 견해가 이후 연구에 큰 영향을 끼쳤다. 다나카 씨는 475년 한성의 함락과 웅진으로 천도한 후, 백제가 영산강유역을 점차 통합하기 시작한 것으로 본다. 백제의 움직임에 대하여 영산강유역의 수장층은 백제와 일정한 관계를 맺는 한편, 왜와도 교류하여 왜, 백제와 등거리 관계를 유지했다. 그리고 이를 어필하기 위해서 전반후원분을 채용한 것으로 평가했다(田中 2002). 이 설을 지지하는 연구자는 영산강유역 사회의 수장층이 왜, 백제와 교류하면서 주체적으로 전방후원분을 축조한 것으로 생각한다.

다음으로 왜계백제관료설이다. 왜계 백제관료란 출신은 왜이나 백제의 관료가 된 사람을 말한다. 이 설은 전방후원분의 피장자를 백제왕권이 영산강유역 사회를 견제하기 위해 파견한 왜인으로 이해한다.

특히 박천수 씨의 견해가 대표적이다(박천수 2005, 2007). 박천수 씨는 전방후원분이 대부분 6세기 전반에 한정되어 축조되는 것, 당시까지 큰 고분이 조영되지 않은 지역에 분산된 것, 그리고 영산강 상류역, 영산강 하류역, 해남반도, 노령산맥 이북 등 4개의 지역에 나누어져 분포하는 것을 지적한다. 그리고 각 전방후원분이 영산강유역 사회를 구성하는 집단에 대한 견제, 또는 왜와 대가야, 백제로 이어지는 교통로 차단을 목적으로 백제 중앙에 의해 배치된 것으로 해석했다.

마지막으로 왜인설이다. 이 설은 논자마다 다양하다. 우선 북부 규슈와 계속된 교류를 기반으로 475년 이후 백제 부흥을 위한 원군 등이 포함된, 영산강유역에 집단적으로 이주한 왜인으로 보는 설이 있다(東 2002). 다음, 북부 규슈에서 건너와 영산강유역에 정주한 왜인으로 영산강유역, 백제와 가야의 대외교섭을 담당한 존재로 평가하는 견해도 있다(홍보식 2005). 이외에 영산강유역에서 북부 규슈지역으로 이주한 집단이 다시 영산강유역으로 건너와 전방후원분을 조영하였다는 의견도 있다(임영진 2009).

이처럼 각 연구자가 그리는 피장자의 모습은 실로 다양하다.

연구의 현재

백가쟁명(百家爭鳴)의 피장자론과는 대조적으로, 전방후원분의 매장시설과 부장품에 왜의 요소 외에 영산강유역, 백제, 그리고 가야의 요소가 함께 확인된다는 점에 관해서는 연구자들의 견해가 일치한다. 또 대략 6세기 전반을 전후한 짧은 기간에 한정되어 축조된 것, 영산강유역 사회의 중심인 나주지역을 둘러싸듯이 분포하는 것에 대해서도 여러 연구자의 견해가 일치한다.

즉 축조된 시기, 분포, 계보에 대한 인식은 연구자 사이에 큰 차이가 없다. 최근에는 영산강유역의 재지적인 고분, 취락, 생산유적의 조사와 연구가 활발히 이루어지고 있다. 따라서 영산강유역 사회의 구조를 밝히는 과정 속에서 전방후원분을 평가하는 단계에 접어들고 있다. 본서에서도 영산강유역에 축조된 전통적인

고분과의 비교를 통해 전방후원분이 축조된 배경을 생각해보고
자 한다.

제2절 **영산강유역 두 개의 묘제**

전방후원분의 특징

그럼 영산강유역의 전방후원분과 관련하여 연구자들의 견해가
일치되는 내용을 간단하게 소개한다. 앞서 언급한 것처럼 전방후
원분은 6세기 전반을 전후한 시기에 축조되었으며 영산강유역의
각지에 분포한다. 다만 사회의 중심인 나주에서는 현재까지 확인
되지 않고 있다. 또 광주 월계동고분군, 고창 칠암리고분군에서 2,
3기가 연접되어 축조된 것 외에는 각지에서 1기만 단독으로 축
조되었다. 분구의 규모는 길이가 가장 작은 것(담양 월성산고분)이
24m, 가장 큰 것(해남 장고봉고분)이 76m이다.

   매장시설은 대부분 횡혈식석실을 채용하였는데 그 계보는 규
슈의 횡혈식석실에서 구할 수 있다(柳沢 2006 등). 구체적으로 다
음과 같이 크게 두 개로 나눌 수 있다.

① 규슈 각지에서 조묘(造墓) 공인이 도래하여 석실을 축조, 혹은 지
   도를 한 것으로 생각되는 것.
② 석실의 여러 부분에 규슈 횡혈식석실의 요소를 확인할 수 있으나
   전체적으로 독특한 형태인 것.

영산강유역 전방후원분의 횡혈식석실(해남 장고봉고분)(국립광주박물관)

횡혈식석실 이외에는 영암 자라봉고분과 같이 수혈계 횡구식 석실을 채용한 것, 그리고 본장의 모두(冒頭)에 소개한 고창 칠암 리고분과 같은 사례도 있다.

다음으로 석실에 매납된 관을 보면 관정과 꺾쇠로 결합한 목 관이 대부분이다. 그중에는 은으로 장식한 못과 원환(손잡이)이 있는 백제계 장식 목관(함평 신덕1호분 등)도 있다. 참고로 규슈의 횡혈식석실에서는 꺾쇠와 관정이 출토된 사례가 거의 확인되지 않으므로 사자를 목관에 매장한 경우는 없었던 듯하다.

한편 광주 월계동1호분과 같이 판석으로 조립한 석관(석옥형(石 屋形)석관)을 설치한 사례도 있다. 영산강유역에서는 전통적으로 석 관을 사용하는 경우는 거의 없으나 규슈에서는 자주 확인된다.

분구를 장식하는 하니와와 목제품이 출토되는 것도 큰 특징 이다. 이는 왜의 요소이기는 하나, 제작방법이 왜와 다르다. 영산

영산강유역의 하니와(영암 자라봉고분)(대한문화재연구원)

강유역의 하니와는 토기를 제작하는 데 이용되는 타날기법이 채용되었다. 타날기법이란 홈을 새긴 타날판으로 토기의 외면을 치면서 형태를 만드는 기법을 말한다. 한편 일본열도에서는 목판으로 긁어 표면을 조정하는 것(ハケメ)이 일반적이다. 영산강유역의 하니와는 세부적인 특징도 토기와 유사하므로 현지의 토기공인이 제작한 것 같다. 그리고 분구에 즙석이 확인되는 사례도 있다. 이것도 기본적으로는 왜의 요소이다.

이상과 같이 분구와 매장시설, 하니와, 즙석 등은 기본적으로 왜와의 관계 속에서 수용되었다. 한편 독특한 횡혈식석실, 목관의 안치, 하니와 제작에 타날기법을 이용한 점을 통해 영산강유역의 독자성, 백제와의 관련성도 읽을 수 있다.

다양한 부장품

전방후원분의 부장품은 매우 풍부하고 다양하다. 우선 왜계 부장품으로는 거울, 모신(矛身)의 단면이 삼각형인 철모(三角穗式鐵鉾), 금속을 꼬아서 U자 모양으로 만든 금구를 부착한 환두대도(꼰환두대도), 그리고 각종의 스에키가 있다. 특히 철모(三角穗式鐵鉾)와 꼰환두대도는 6세기 왜왕권의 위세품이다.

백제계의 부장품으로는 내부에 금박을 넣은 금박유리구슬, 식리와 관 등의 장신구가 있다.

또 함평 신덕1호분에서 출토된 마구 세트 등은 백제의 중추에서 제작되었을 가능성이 크다. 한편 부장된 대부분의 토기는 영산강유역에서 제작된 것이다. 이 외에 스에키와 백제, 대가야계통의 토기도 출토된다.

이처럼 영산강유역 전방후원분의 부장품에는 왜, 백제, 영산강유역, 대가야의 것이 혼재되어 있다. 그 피장자가 다양한 사회와 관계를 맺으면서 부장품을 입수한 것을 알 수 있다.

꼰환두대도(함평 신덕1호분)(국립광주박물관)

전통적인 고분의 특징

전방후원분이 축조될 즈음 영산강유역에는 그 전부터의 변화를 추적할 수 있는 전통적인 고분도 활발히 축조되었다. 그 특징은 제2장 제1절에서 간단히 소개했으나 여기서 다시 한번 정리해둔다.

영산강유역에서는 대략 5세기까지 평면이 타원형, 혹은 제형(사다리꼴)이며 분구가 낮은 고분이 축조되었다. 매장시설은 전용으로 제작된 옹관과 목관이며, 분구에는 하나가 아니라 여러 개의 매장시설을 설치하는 '다장(多葬)'의 풍습이 특징이다.

그 후, 고대한 분구를 쌓은 고총고분이 출현한다. 매장시설로는 한층 거대해진 전용옹관만이 아니라 수혈계 횡구식석실과 횡혈식석실 등 횡혈계의 매장시설도 새롭게 채용된다. 분구의 평면은 방형(방대형분)이 기본이나 원분도 있다. 이 고총고분이 전방후원분과 함께 활발히 축조되었다.

이 고총고분에도 복수, 때로는 10기가 넘는 매장시설을 같은 분구에 계속해서 안치하는 '다장'의 전통은 지켜지고 있다. 또 이미 선축된 낮은 분구를 뒤덮듯이 성토하여 고총고분을 축조하는 경우도 있다. 여기에서 몇 가지 사례를 소개해 둔다.

예를 들어 나주 복암리3호분의 경우, 복수의 옹관을 설치한 저분구분(低墳丘墳)부터 시작한다. 다음으로 그 위에 높게 분구를 성토하고 규슈계의 횡혈식석실과 수혈계 횡구식석실, 옹관을 몇 기 설치한다. 그리고 백제계의 횡혈식석실을 순차적으로 추가해 간다. 무덤으로 기능하기 시작한 후, 7세기 전반 마지막 매장까지 400년 가까이 하나의 분구에서 계속 장송 의례가 이루어졌다.

나주 복암리3호분(국립문화재연구소)

영암 옥야리 방대형고분의 경우, 5세기 전반에 방형의 높은 분구를 축조하고 수혈계 횡구식석실을 그 중앙에 설치한다. 그리고 5세기 후반부터 6세기 초에 걸쳐 그 주위에 수혈계 횡구식석실, 옹관, 목관을 설치한다.

영산강유역의 북쪽, 고창에 축조된 봉덕리고분군에도 고총고분이 집중된다. 1호분에는 구릉을 이용한 고총분구에 석실과 옹관이 7기 설치되었다. 고창은 백제와 영산강유역의 경계지로, 5세기 중엽이라는 이른 시기에 백제계의 횡혈식석실을 새롭게 채용한다. 그러나 하나의 분구에 복수의 매장시설을 설치하는 '다장'의 습속은 영산강유역과 공통적이다.

현지 수장층의 무덤

이러한 고총고분의 부장품으로 백제계의 장신구, 왜계무기와 스에키, 현지의 토기 등이 있는데, 이는 전방후원분의 부장품과 유사하다. 또 횡혈식석실에 묻힌 관도 관정과 꺾쇠로 조합한 목관이 대부분이다. 다만, 현지의 옹관을 규슈계의 석실에 매납한 사례도 있다(복암리3호분 1996년 조사석실).

이처럼 전통적인 옹관에 더하여 횡혈계의 매장시설을 새롭게 받아들이면서도 '다장'이라는 지역의 전통을 유지한 고총고분은 영산강유역의 수장층 무덤으로 보는 것이 자연스럽다(김낙중 2009). 본서에서는 이를 '재지계의 고총고분'이라고 부르고자 한다.

재지계의 고총고분과 전방후원분의 비교

그렇다면 재지계의 고총고분과 전방후원분을 비교해보자. 우선 매장시설을 보면 재지계의 고총고분도 규슈에서 계보를 구할 수 있는 횡혈식석실을 채용한 예가 있다. 또 재지계의 고총고분에서도 즙석과 하니와가 확인된 사례가 있다. 그리고 관정과 꺾쇠로 조립한 목관을 석실에 매납한 것도 공통적이다. 더구나 풍부하고 다양한 계보의 문물을 부장하는 것도 유사하다. 특히 양자에 공통적으로 백제계의 장신구와 왜계의 문물이 부장된 것은 중요하다.

이처럼 매장시설, 즙석과 하니와, 관, 부장품 등은 서로 유사하여 백제와 왜의 관계 속에서 그 묘제를 적극적으로 받아들이고 있다.

한편 당연한 이야기이나 분구의 형태는 전혀 다르다. 또 전방후원분은 후원부의 중앙에 한 기의 횡혈식석실을 설치한다. 무덤으로 기능한 것은 길게 어림잡아도 50년이 채 되지 않을 것이다. 이에 반해 재지계의 고총고분은 '다장'이라는 전통 속에서 100년이 넘도록 오랫동안 무덤으로 기능한다. 양자가 무덤으로 이용된 방법은 전혀 다른 것이다.

그리고 분포를 보면 재지계 고총고분의 중심이 나주임에 반해, 전방후원분은 1, 2기씩 분산되어 배치된다.

영산강유역에서 전개된 두 개의 묘제

이처럼 전방후원분과 재지계의 고총고분은 분구의 형태, 무덤으로 이용된 방법, 분포 등이 다르나, 백제와 왜 묘제의 영향을 받았다는 점은 공통적이다.

따라서 영산강유역의 전방후원분을 단순히 특수한 무덤, 예를 들어 왜에서 사람들이 마음대로 와서 축조한 무덤 등으로 볼 수 없다. 그보다도 영산강유역 집단이 백제와 왜의 관계 속에서 성립시킨, 또 하나의 묘제로 평가해야 할 것이다. 즉 5세기 후반부터 6세기 전반까지 영산강유역에서는 재지계의 고총고분과 전방후원분이라는 두 개의 묘제가 전개된 것이다.

이상과 같이 이해할 수 있다면 다음으로 검토해야 할 것은 전방후원분을 축조한 집단과 재지계의 고총고분을 축조한 집단이 어떠한 관계였는가 하는 것이다. 이를 검토하기 위해서는 당시의 교통로와 고분 입지의 관계가 중요하다. 이를 일찍부터 주목한

영산강유역의 전방후
원분(위: 해남 장고봉
고분)(저자 촬영)과 재
지계 고총고분(아래:
나주 정촌고분)(국립
나주문화재연구소)

연구자가 있었다. 본서에 자주 등장하는 박천수 씨다.

제3절 교통로와 전방후원분

박천수 씨의 선견성(先見性)

박천수 씨는 전방후원분의 입지와 영산강유역의 교통로를 함께 검토함으로써 전방후원분이 분산 배치된 의미에 대한 답을 구했다. 그것은 전방후원분을 축조한 집단이 현지 세력에 대한 견제와 교통로 차단 등을 의도로 하여 백제 중앙에 의해 각지에 배치되었다는 것이다.

이 견해의 근거가 된 것이 영산강유역의 중심인 나주 반남고분군과 고창 아산면의 봉덕리고분군을 잇는 교통로와 전방후원분의 관계이다. 박천수 씨가 이 교통로를 중요시한 이유는 백제가 영산강유역을 통합하기 위해서는 우선 이 교통로를 장악할 필요가 있다고 생각했기 때문이다. 그리고 전방후원분이 '5세기대 전라북도 남부에서 최대 재지 세력의 중심지인 아산지역을 서쪽에서 제압하고 영산강유역과 그 지역과의 관계를 차단하듯이 배치되어 있다'(박천수 2005: 68)고 파악했다. 이것이 박천수 씨가 설명하는 왜계백제관료설의 최대 논거이다.

여담이나 경북대학교에서 유학할 당시, 박천수 씨는 필자를 몇 번이나 전방후원분 답사에 데리고 가 주셨다. 그때 한 손에 지도를 들고 전방후원분 주변의 지세를 조사하면서, 이동하는 차

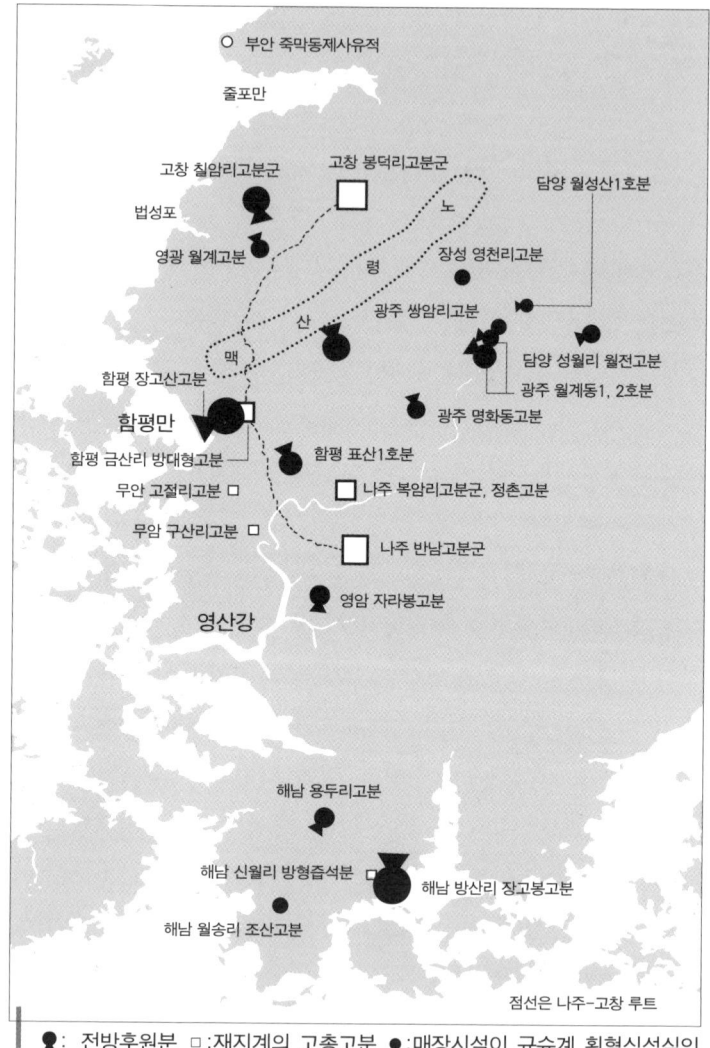

부안 죽막동제사유적

줄포만

고창 칠암리고분군　　고창 봉덕리고분군

법성포

영광 월계고분

담양 월성산1호분

노

령

장성 영천리고분

산

광주 쌍암리고분

맥

함평 장고산고분

담양 성월리 월전고분

광주 월계동1, 2호분

함평만

광주 명화동고분

함평 금산리 방대형고분

함평 표산1호분

무안 고절리고분

나주 복암리고분군, 정촌고분

무암 구산리고분

나주 반남고분군

영암 자라봉고분

영산강

해남 용두리고분

해남 신월리 방형즙석분　해남 방산리 장고봉고분

해남 월송리 조산고분

점선은 나주-고창 루트

● : 전방후원분　□ :재지계의 고총고분　● :매장시설이 규슈계 횡혈식석실인
원분 ○ :해상교통을 위한 제사장(종장에서 소개)

나주 반남고분군(위)과 고창 봉덕리고분군(아래)

안에서 자신의 생각을 들려준 박천수 씨의 모습이 지금도 선하다. 본장의 내용도 유학 당시 조사한 경험을 기초로 하고 있다.

어찌 되었든 2002년에 처음으로 발표된 이 설은 발표 당시, 전방후원분을 축조한 집단과 재지계 고분을 축조한 집단의 관계를 가장 선명하게 그려낸 것이었다. 이 관점을 여기에서도 계승하고자 한다.

교통로의 상정

필자도 현지 답사와 고지도 분석을 통해 나주 반남면에서 노령산맥을 넘어 고창 아산면까지 이르는 교통로를 상정해 보았다. 이 교통로에는 다음과 같은 특징이 있다.

① 이 교통로를 현재의 지명으로 나타내면 나주 반남면-영산강-함평-노령산맥(신광-불갑)-영광-고창 아산면 봉덕리 순이 된다. 노령산맥의 서쪽을 통과하는 루트이다. 산맥을 넘는 루트로는 가장 고저차가 적다.

② 나주 반남면-노령산맥-영광까지, 특히 노령산맥을 넘는 구간의 여정은 예전부터 이용된 고갯길과 거의 일치한다.

③ 노령산맥의 남쪽에서는 2기의 전방후원분(함평 장고산고분, 함평 표산1호분)과 재지계의 고총고분(함평 금산리 방대형고분)이 이 교통로를 따라 축조되었다.

④ 노령산맥 북쪽에서는 3기의 전방후원분(고창 칠암리1, 2호분, 영광 월계고분)이 이 교통로에 가깝게 위치한다.

이 교통로를 '나주-고창루트'라 부르고자 한다.

교통로 일대에 축조된 고분

나주-고창루트 주변에는 재지계의 고총고분과 전방후원분이 존재한다. 또 4, 5세기의 저분구분도 이 교통로 일대에 축조되어 일찍부터 지역집단이 이용한 중요한 교통로라는 것을 알 수 있다. 당시 사람들이 무덤을 축조할 장소를 정할 때, 이 나주-고창루트를 의식한 것은 틀림없을 것이다.

또 이 루트는 서해안을 따라 이어진다. 그리고 루트의 동쪽에 함평천이 남북으로 길게 흐르고 있다. 따라서 쉽게 서해안을 따라 이동하는 항로로 나갈 수 있으며, 함평천을 이용하여 물자를

영광 법성포

운반하는 것도 가능했다.

실제로 재지계의 고총고분은 북쪽부터 출포만, 법성포, 함평만, 그리고 영산강 부근 등 항구로서 이용되었을 가능성이 큰 장소 가까이에 위치한다. 이를 축조한 지역집단은 바다에서 운반되어 온 다양한 사람과 물건, 정보를 집약하고 그것을 나주-고창루트와 함평천을 통해 주고 받을 수 있었다.

문제는 5세기 후반부터 6세기 전반에 걸쳐 칠암리고분-월계고분-장고산고분-표산1호분 등 전방후원분도 이 교통로 일대에 축조된 것이다. 이 나주-고창루트를 둘러싼 재지계의 고총고분과 전방후원분의 관계를 풀기 위한 열쇠는 앞서 정리한 양자의 공통성과 차이점에 있다.

병존하는 재지계의 고총고분과 전방후원분

우선 양자의 분구 형태는 물론 무덤으로서 이용된 방법이 서로 다른 점에 주목하면 전방후원분이라는 새로운 묘제의 성립에 왜에서 건너온 집단이 관여한 것으로 볼 수 있다. 즉 오랜 기간 동안 거듭된 영산강유역과 왜의 교섭 속에서 빈번하게 왕래한 왜계 집단이 있었을 것이다.

그 일부가 영산강유역의 각지에 정착하면서 전방후원분을 둘러싼 다양한 물자, 기술, 정보를 가져왔다. 특히 북부 규슈계의 횡혈식석실을 축조하는 기술은 당시까지 영산강유역에서 전혀 확인되지 않기 때문에 규슈의 기술자집단이 바다를 건너와 석실 구축에 관여하였을 가능성이 크다.

영산강유역의 일부 지역집단은 이러한 왜계집단과 교류 속에서 왜의 묘제를 총체적으로 채용하여 전방후원분을 축조했다. 이와 함께 백제의 장신구를 부장하거나 장식목관에 죽은 이를 매장하는 등 백제의 묘제도 받아들였다.

그리고 재지계의 고총고분을 고수하는 지역집단도 왜와 백제의 묘제를 알 수 있는 환경이었으므로 이미 축조된 고총고분에 그 일부를 받아들이거나 새로운 고총고분을 축조할 때 왜, 백제계 요소를 받아들이곤 했다.

이처럼 양자 모두 나주-고창루트, 서해안의 항로, 나아가 여기서 파생된 다양한 교통로를 이용한 것은 분명하다. 이로써 영산강유역의 지역집단을 잇는 네트워크의 존재가 명확해졌다.

현지 세력에 대한 견제와 교통로의 차단을 위해 백제가 전방후원분(을 축조한 왜계집단)을 배치하였다는 설에는 재지계의 고총고분과 전방후원분의 관계가 배타적이었다는 전제가 있다. 그러나 지금까지 살펴본 것처럼 재지계의 고총고분이든 전방후원분이든 이를 축조한 지역집단은 나주-고창루트를 기축으로 한 네트워크를 활용하면서 새로운 묘제를 받아들였다.

따라서 양자의 관계를 배타적이라고 이해하기보다 오히려 대립과 협조를 포함한 미묘한 관계, 딱 맞아떨어지는 표현이 그다지 없으나 굳이 이야기하자면 '병존적(竝存的)'인 관계였던 것으로 보아야 할 것이다.

왜계 도래인의 모습

이 미묘한 관계를 단적으로 나타내는 지역이 있다. 함평만 연안이다. 여기에는 전방후원분(장고산고분)과 재지계의 고총고분(금산리 방대형고분)이 서로 조망할 수 있을 정도로 가까이 입지하고 있다. 게다가 금산리고분은 분구에 즙석이 있고 원통하니와가 세워져 있다. 뿐만 아니라, 말과 닭 등을 모방한 형상하니와(形象埴輪)도 출토되었다. 형상하니와는 왜에서 많이 만들어진 것이다. 이러한 상황만을 보더라도 양자의 관계를 배타적이라고 볼 수 없다.

더욱이 바로 근처에는 두 고분을 조영하기 위한 캠프와 같은 취락도 확인되었다. 함평 노적유적 가지구이다. 이 취락에서 영산강유역에 정착한 왜계집단의 모습을 엿볼 수 있다.

노적유적 가지구는 나주-고창루트에 면한 구릉 사면에 위치하고 5세기 후반부터 6세기 전반이라는 단기간에 조영된 취락이다. 장고산고분과 금산리고분이 축조된 시기이다. 이 취락에서 출토된 토기를 보면 현지 토기 외에 백제, 가야 토기도 있고 왜의 스에키도 포함되어 있다.

또 취락에서는 13점의 하니와 파편도 출토되었다. 대부분의 하니와는 외면을 타날기법으로 조정하였으므로 현지의 토기공인이 제작하였을 것이다. 이와 유사한 하니와가 장고산고분과 금산리고분에서 출토되었으므로 여기서 제작된 하니와가 두 고분으로 공급된 것이 분명하다. 아마 취락 근처에 하니와를 소성한 가마가 있었을 것이다.

이처럼 노적취락의 사람들은 나주-고창루트와 서해안항로,

함평 장고산고분(위)과 함평 금산리방대형고분(아래)

그리고 함평천을 통해 고분 조영을 위한 물자와 정보를 왜와 백제로부터 입수하여 고분을 축조하였다. 그리고 스에키와 하니와가 출토된 것으로 보아 취락의 구성원 가운데 바다를 건너와 이

지역에 정착한
뒤, 고분을 축조
하는데 종사한
왜계 도래인들
이 포함되었을
가능성이 크다.

이는 함평만
연안에 한정된
것이 아니다. 이
시기 영산강유
역 각지의 취락
에서는 현지의
토기와 함께 상
당한 수의 스에
키가 함께 출토
된다. 그 대부분

함평 노적유적 가지구(위)와 출토된 하니와 파편(아래)
(호남문화재연구원)

은 일상 식사와 어떤 의례에 사용된 소형의 용기이다. 이를 사용
하는 습관이 있던 왜의 사람들이 스에키를 가지고 도래하여 취락
에 체류하였을 것이다.

왜에서 영산강유역으로 도래하여 정착한 후, 현지 사람들과
'잡거(雜居)'하는 왜인들의 모습을 엿볼 수 있다.

제4절 전방후원분이 축조된 배경

영산강유역 사회로 본 전방후원분

앞서 언급한 내용을 토대로 영산강유역에 전방후원분이 축조되기까지 흐름을 대략 정리한다.

우선 왜와 영산강유역의 계속된 교섭을 통해 전방후원분과 관련된 물건, 사람, 정보가 영산강유역으로 반입된다. 그리고 항로와 육로, 그리고 하천을 매개로 한 네트워크를 통해 영산강유역 각지의 지역집단으로 확산된다.

그리고 전방후원분을 자신의 묘제로 삼고자 한 지역집단은 하니와와 목제품을 제작하고 전방후원형의 분구를 축조하여 북부 규슈계의 횡혈식석실을 구축했다. 한편 전통적인 고총고분을 고수한 집단은 북부 규슈계 횡혈식석실을 매장시설로 채용하거나 하니와와 즙석을 채용하는 경우는 있어도 전방후원형의 분구를 받아들이지 않았다.

아마도 전방후원분과 관련된 물건, 사람, 정보의 교환, 그리고 고분을 축조하는 데, 영산강유역과 왜 사이를 왕래하거나 현지에 정착하고자 했던 왜계 도래인이 깊게 관여하였을 것이다. 더욱이 지역집단은 백제와 거듭된 교섭 속에서 백제계 장신구를 입수하거나 사자를 보호하기 위해 목관(때로는 장식 목관)을 이용했다. 또 일부는 가야와 관련된 집단도 있었다. 그 결과, 전방후원분도, 재지계의 고총고분도, 고분을 구성하는 요소는 매우 다양해졌다.

따라서 전방후원분인가, 재지계의 고총고분인가 라는 차이는 영산강유역의 지역집단 입장에서 보면 새로운 묘제를 받아들일 때 취사선택한 결과 또는 왜, 백제, 그리고 대가야와 어떻게 교섭하였는가에 관한 결과로 평가할 수 있다(高田 2012).

아마도 영산강유역의 전방후원분 피장자는 백제, 왜와 관련된 지역집단의 수장이나 이에 버금가는 사람이었을 것이다. 다만 그 중에 백제와 왜에서 태어나서 대외활동에 종사하는 가운데 영산강유역으로 정착하여 수장층까지 성장한 사람이 포함되었을 가능성도 크다.

왜 전방후원분을 축조하였는가?

그럼 마지막으로 영산강유역 사회는 무엇때문에 전방후원분을 축조했는가, 좀 더 정확하게 말하자면 왜 영산강유역 사회에 전방후원분을 축조한 지역집단이 있었는가라는 문제에 대해 생각해 보고자 한다. 이 물음을 푸는 실마리는 당시 백제와 영산강유역의 정치적인 관계, 그리고 영산강유역 전방후원분의 분포이다.

전방후원분이 축조된 5세기 후엽부터 6세기 전반에 걸쳐 백제왕권은 영산강유역을 통합하고자 움직이고 있었다. 제3장 제1절에서 언급한 것처럼 490년, 495년에 백제의 동성왕은 무훈이 있는 왕족과 귀족을 위해 영산강유역 각지의 지명을 붙인 「왕」, 「후」의 수여를 중국 남제에 요구했다. 또 관, 귀고리, 식리 등 장신구와 화려한 장식을 부착한 목관을 보냈다. 이러한 움직임을 통해 백제는 영산강유역을 자신의 영역으로 편입하고자 한 것이다.

이러한 백제의 움직임에 호응하듯이 영산강유역 측도 이를 받아들이고 장신구를 몸에 착장하거나 장송 의례에 목관을 사용했다. 이는 백제와 우호적인 관계를 유지하고자 한 의도의 표현이었을 것이다. 양자는 반드시 대립적인 관계가 아니었다.

그러나 일부 지역집단은 이러한 움직임의 배후에 영산강유역을 편입하고자 하는 백제의 의도가 있다는 것을 간파한 것이 아닐까. 그리고 백제에 편입되어 자신의 기득권익을 잃지 않도록 어떻게든 자신의 정치·경제적인 주체성을 유지하고자 했다. 그 방책 가운데 하나가 바다 건너 왜와 관계가 깊다는 것을 백제에게 어필하는 것, 즉 전방후원분을 축조하는 것이었다(田中 2002). 거꾸로 보면 백제와 영산강유역 사람들에게 전방후원이라는 분구 형태는 그만큼 왜를 연상시키는 것이었다.

4세기 후반 이래, 왜는 백제의 중요한 동맹 상대였으며, 영산강유역에게도 일찍부터 교섭의 상대였다. 이처럼 왜와 밀접한 관계라는 것을 어필하면 백제왕권도 쉽게 자신들에게 손을 대지 못할 것이리라, 전방후원분을 축조한 집단은 이렇게 생각한 것이 아닐까.

이러한 위기의식은 영산강유역 사회의 중심인 나주와 그 주변에 있는 지역집단 사이에 큰 차이가 있었다. 나주에서는 재지계 고총고분의 구성요소로서 북부 규슈계의 횡혈식석실이나 하니와, 즙석은 받아들여도 전방후원분을 축조하지는 않았다. 이에 반해 영산강유역의 외연, 즉 백제와 경계에 접한 지역(고창, 영광)과 바다와 하천 가까이에 위치하여 활발히 대외활동을 한 지역(함평, 영암, 해남반도), 또는 가야와 가까운 지역(광주, 담양)에서는 전방후원분을 자신의 묘제로 수용했다.

이처럼 영산강유역 사회 중에서도 다른 사회와 밀접하게 교류한 지역집단은 백제의 의도를 재빨리 알아차리고 전방후원분을 축조함으로써 왜와 유대관계를 강조하여 백제 중앙과 어중간한 관계를 유지하고자 했다. 이것이 영산강유역에 전방후원분이 축조된 근본적인 이유이다.

다의적인 분묘로서

이상과 같이 전방후원분에는 영산강유역 사회가 백제에 대응하기 위한 의도가 담겨 있었다. 또 왜에게도 영산강유역은 일찍부터 교섭 상대였으므로 그 움직임에 적극적으로 협조하여 그 관계를 강화하고자 했다. 더욱이 전방후원분의 피장자가 몸에 착장한 백제 장신구와 그(그녀)가 안치된 장식 목관에는 영산강유역에 대한 백제의 통합 의도가 반영되어 있었다.

따라서 영산강유역의 전방후원분에는 특정 사회의 정치적 목적만이 반영된 것이 아니다. 조영부터 장송 의례에 이르기까지 일련의 과정 속에서 영산강유역, 왜, 백제의 의도가 복합적으로 얽히면서 축조된, 말하자면 '다의적(多義的)'인 무덤이었던 것이다.

그 후 영산강유역 사회

결국, 영산강유역 사회는 6세기 중엽, 백제왕권이 웅진에서 사비로 천도한 뒤 얼마 지나지 않아 백제로 편입된다. 이를 나타내듯이 영산강유역에는 전방후원분의 조영이 종료되고 그 대신 백제

황혼의 영산강

의 특징적인 횡혈식석실(능산리형)이 일제히 등장한다. 또 지역 수
장층은 백제의 관위를 나타내는 관식(은화관식)을 착장하게 된다.

이 움직임을 단적으로 나타내는 것이 함평 신덕고분군이다. 1
호분은 6세기 전반에 축조된 전방후원분으로 피장자와 지역집단
이 다양한 세력과 관련된 것을 알 수 있다. 그러나 그다음 세대의
수장묘로 1호분의 바로 뒤에 축조된 2호분은 전방후원분이 아니
라 능산리형석실을 채용한 원분이었다. 재지계의 고총고분을 축
조한 집단도 이즈음에는 북부 규슈계의 횡혈식석실이 아니라 능
산리형석실(을 기본형으로 하는 석실)을 채용하게 된다.

이처럼 정형화된 묘제와 장신구가 영산강유역에 보급된 것
은 각 지역집단이 백제왕권에 편입된 후 점차 서열화되어 간 것
을 의미한다(이한상 2009). 전방후원분을 축조함으로써 자신의 자

주성을 유지하고자 한 움직임은 최종적으로 실패한 것이다. 아마 지역집단의 독자적인 대외활동도 백제왕권에 의해 크게 규제되었을 것이다. 이 단계를 끝으로 영산강유역 사회는 종언을 맞이하고 백제의 한 지방이 되었다.

::

인용 · 참고문헌

한국어

강인구, 1987, 『한국의 전방후원분 무기산과 장고산: 측량조사보고서』, 한국정신문화연구원.

김낙중, 2009, 『영산강유역 고분 연구』, 학연문화사.

박천수, 2007, 『새로 쓰는 고대 한일교섭사』, 사회평론.

임영진, 2009, 「영산강유역 마한 사회의 해체」, 『마한 숨쉬는 기록』, 국립전주박물관.

이한상, 2009, 『장신구 사여체제로 본 백제의 지방지배』, 서경문화사.

홍보식, 2005, 「영산강유역 고분의 성격과 추이」, 『호남고고학보』21, 호남고고학회.

일본어

東 潮, 2002, 「倭と栄山江流域」, 朝鮮学会編, 『前方後円墳と古代日朝関係』, 同成社.

高田貫太 2012, 「栄山江流域における前方後円墳築造の歴史的背景」, 『内外の交流と時代の潮流』古墳時代の研究7, 同成社.

田中俊明, 2002, 「韓国の前方後円形古墳の被葬者・築造集団に対する私見」, 朝鮮学会編, 『前方後円墳と古代日朝関係』, 同成社.

朴天秀, 2005, 「栄山江流域における前方後円墳からみた古代の韓半島と

日本列島」, 『日韓交流展 海を渡った日本文化』, 宮崎県立西
都原考古博物館.

柳沢一男, 2006, 「五~六世紀の栄山江流域と九州」, 『가야, 낙동강에서 영
산강으로』, 제12회 가야사국제학술회의, 김해시.

山尾幸久, 2002, 「五、六世紀の日朝関係――韓国の前方後円墳の一解釈
――」, 朝鮮学会編, 『前方後円墳と古代日朝関係』, 同成社.

한반도에서
바라본
고대일본

海の向こうから見た倭国

한반도에서 바라본
바라본
海の向こうから見た倭国
고대일본

한일관계사와 현재, 그리고 미래

오랜 바람

2012년 11월 26일 오전, 필자는 동료인 하야시베 히토시(林部均) 씨와 함께 한반도 서해안의 변산반도로 향하는 차 안에 있었다.

"있다, 있다. 저기입니다. 와, 옛날 기억이 정확했네요."

차창 너머로 찾고 있던 전망대가 보였다. 너무 기쁜 나머지, 약간 자랑인 양 하야시베씨에게 말을 걸었다. 도착한 곳은 전라북도 부안군 격포리의 항구이다. 격포항 북쪽, 표고 200m 정도의 구릉 정상부에 있는 전망대는 우두커니 서 있었다.

비가 올 것 같던 날씨도 좋아졌기 때문에 이 정도면 경관을 마음껏 볼 수 있으리라 기대하면서 인기척이 없는 전망대 계단을 걸어 올라갔다. 그러나 정상에 도착하자 무시무시한 한풍이 불어대고 있었다. 바람을 막을 것이 아무것도 없어 두 사람 모두 말 그대로 날아갈 것 같았다.

"우와, 이게 뭐야. 춥다 추워."

약간 흥분하여 외치면서 주위를 둘러보았다. 동쪽에서 남쪽에 걸쳐 격포리의 항구를 내려 볼 수 있었다. 서쪽에는 황해의 넓은 바다가 펼쳐져 있고 멀리 위도라고 불리는 작은 섬이 보였다. 그리고 북쪽에 이번 답사의 목적지, 부안 죽막동 제사유적을 멀리서 바라볼 수 있었다. 공기도 아주 맑아 절호의 경관이었다. 바람에 몸이 날려가지 않도록 완강하게 버티면서 유적을 바라보고 카메라의 셔터를 눌렀다. 이 전망대에서 본 유적의 모습을 카메라로 담겠다는 오랜 염원을 이루는 순간이었다.

그때까지 세 번 정도, 죽막동 제사유적을 방문했다. 유학 중이었던 2000년으로 생각되는데 박천수 씨가 구마모토(熊本)고분연구회의 회원들을 안내하는 데 따라간 것이 처음이었다. 그때, 이 전망대에 올랐다. 그러나 당시 필자는 카메라가 없었다. 주위 사람들이 유적을 카메라로 찍는 것을 부럽게 쳐다보던 것이 기억난다. 그 이후, 현지에 갔으나 전망대에 오를 기회는 결국 없었다.

참고로 이야기하면 그 후 필자는 카메라를 가질 수 있었다. 박천수 씨가 필자의 유학 모습을 보러 한국에 오신 아버지에게 '유학 중에 찍은 사진은 앞으로 재산이 될 것이라'고 설득해 준 덕분이었다. 우에노(上野)에 있는 요도바시카메라에서 캐논 EOS7(당시는 필름 카메라)을 샀다. 지금도 소중히 보관하고 있다.

부안 죽막동 제사유적은 4세기부터 근현대까지 이어지는 해상교통 및 어로와 관련된 제사장이다. 1991년 국립전주박물관에 의해 발굴 조사되었는데 제사를 지낸 당시 봉헌된 문물들이 출토되었다. 현재도 수성당(水聖堂)이라는 사당이 있다.

유학 후 십여 년 만에 직접 눈으로 본 경관은 실로 장관이었다. 죽막동 제사유적은 황해로 돌출된 곳의 끝에 위치한다. 파인더 너머로 수성당도 확인할 수 있었다. 주위는 넓디넓은 바다였는데, 이 날은 강풍 때문인지 파도가 크게 일었다. 셔터를 마음껏 누르면서 바다와 관련된 제사장이 여기에 마련된 이유를 실감했다.

전망대에서 먼 바다의 부안 죽막동 제사유적을 조망하다

 풍광에 흠뻑 취한 뒤, 전망대를 내려와 점심을 먹기로 했다. 오랜만이라 모둠회를 주문했다. 회는 물론 다양한 전채요리도 소박한 정취가 넘치는 절품이었다. 가게의 온돌 덕분에 얼어붙은 몸이 점차 따뜻해지는 것을 느끼면서 식당을 나아 유적으로 향했다.

죽막동 제사유적이란

죽막동 제사유적은 적벽강이라 불리는 절벽과 암반으로 이루어진 암석해안 위의 좁은 평탄지에 있다. 1980년 이후, 해안경비를 위해 참호와 철벽 등 군 관련 시설이 만들어지면서 유적은 크게 파손되었다고 한다. 현지에 도착하자 수성당이 쓸쓸히 서 있었다. 수성당은 늦어도 19세기에 이곳에 있었던 듯하나 이후 여러 차례 새로 지어졌으며, 현재 건물은 1996년에 세워진 것이라고 한다.

그 배후에 펼쳐진 평탄지가 조사된 곳이었다.

국립전주박물관이 발굴조사를 실시한 결과, 삼국시대 토기와 금속제품(거울, 무기, 무구, 마구 등), 석제품 등 다양한 봉헌품이 출토되었다. 토기 대부분은 현지에서 제작된 토기이나 백제와 영산강유역에서 반입된 듯한 토기도 확인할 수 있다. 또 중국에서 온 도자기도 출토되었다. 조사 결과, 대략 8×9m의 광장이 제사장의 중심이며 여기에 호와 옹 등 용기를 늘어세우고 그 안에 각종의 봉헌품을 매납하는 제사가 이루어진 것을 알 수 있었다(국립전주박물관 1994).

조사보고서에서는 제사의 대상이 어업신, 항해신, 선신(船神) 등의 해양신이며 특히 항해의 안전을 기원하는 의미가 강했던 것으로 판단한다. 다채로운 제사구를 보아도 서해안에서 항해가 활발하였음을 알 수 있다. 5세기에는 백제왕권이 관리한 국제적인 제사항의 성격을 띠고 있었던 듯하다.

또 조선시대의 다양한 봉헌품도 출토되고 있어 제사는 오랫동안 지속된 것 같다. 19세기에 수성당이 세워져 1970년대까지 '당제(堂祭)'라고 불리는 제사가 이루어졌다. 바다를 사이에 두고 반대편에 위치한 위도에서는 지금도 이러한 제사를 지낸다고 한다. 이처럼 죽막동 제사유적은 고대부터 현재에 이르기까지 바다와 관련된 제사의 모습을 알 수 있는 중요한 유적이다.

그리고 죽막동 제사유적에서 출토된 봉헌품에는 5세기 왜에서 반입된 석제모조품(石製模造品)도 포함되어 있다. 석제모조품이란 거울, 도끼, 낫, 도자, 방패, 갑옷 등 다양한 기물을 모방한

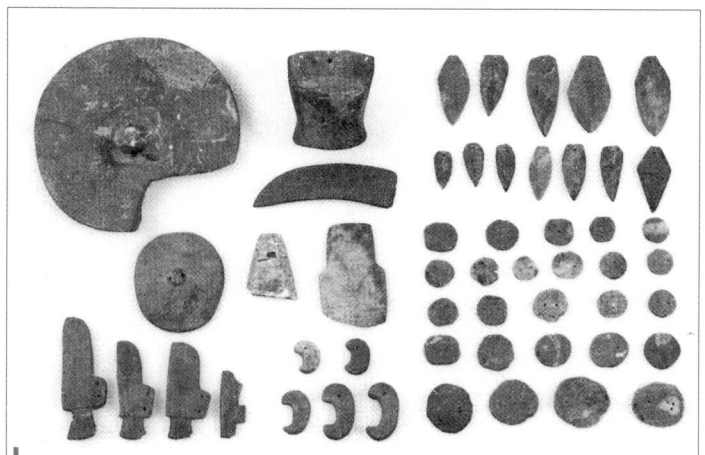

부안 죽막동 제사유적 출토 석제모조품(국립전주박물관)

석제품을 말한다. 왜에서는 제사 도구와 고분의 부장품으로 자주 이용되었다. 이에 반해 한반도에서는 거의 출토되지 않으며 세트로 확인된 곳은 죽막동 제사유적이 유일하다. 한반도에서 석제모조품을 이용한 제사가 성행하고 있었다고는 생각하기 어렵다. 유물의 형태도 왜의 출노품과 동일하므로 왜에서 가져온 것으로 볼 수 있다.

따라서 왜에서 바다를 건넌 뒤, 한반도의 남, 서해안을 따라 백제로 향한 사람들도 이 땅에서 항해안전을 기원하여 제사를 지냈을 가능성이 매우 크다. 죽막동 제사유적은 5세기 백제와 왜의 교섭을 보여주는 귀중한 유적이기도 한 것이다.

지금도 이어지는 제사

먼 옛날, 왜에서 이 지역을 방문한 사람들을 생각하면서 유적을 둘러보았다. 수성당 배후의 제사장을 카메라에 담고, 근처의 '당굴'이라 불리는 해식동굴을 들여다본 후, 해안으로 내려갔다. 해안에서 하나 확인하고 싶은 것이 있었다.

두 번째로 유적을 찾은 2003년 5월 6일, 마찬가지로 해안가로 내려왔을 때, 바위 뒤에 양초 2개가 서 있는 것을 발견했다. 쓸쓸하게 남겨진 양초를 보면서 바다에서 조난된 사람을 등불로 애도하는 것일지도 모른다고 혼자 상상했다. 그 정숙한 장소가 필자를 끌어당긴 것이었다. 지금까지 이어지는 제사의 일단을 슬쩍 엿본 느낌이 들었다. 그 장소를 다시 방문해 보고 싶었다.

부안 수성당의 제사장(위), 해식동굴 '당굴'(가운데), 바위의 양초(아래)

그렇지만 이번에는 해안가에 양초가 없었다. 하야시베 씨와 함께 빨려 들어갈 것 같은 넓고 넓은 바다, 그리고 멀리 보이는 위도를 카메라에 담으면서 '어쩌면 이곳에서 더 이상 제사를 지내지 않을지도 모르겠다.'는 생각이 들어 조금 쓸쓸한 기분이 들었다. 한 시간 정도 유적과 그 주위를 둘러본 후 귀로에 올랐다.

죽막동과 오키노시마가 말하는 것

현해탄에도 죽막동과 같은 제사장이 있다. 오키노시마(沖ノ島)이다. 오키노시마는 현해탄의 한가운데 떠 있는 작은 외딴 섬으로 한반도와 일본열도를 잇는 해로의 요충지이다. 4세기 이래 해상 교통과 관련된 제사장으로 기능한 것은 앞선 제1장에서 소개했다.

오키노시마에서는 세 차례에 걸쳐 발굴조사가 실시되었다. 그 결과, 23곳의 제사장이 확인되었으며 4세기부터 10세기 초에 걸친 제사의 변천을 알 수 있었다. 다양한 봉헌품이 출토되어 '바다의 정창원(正倉院)'이라고 불린다. 봉헌품 가운데는 중국대륙과 한반도에서 반입된 것으로 생각되는 것도 많다. 현재도 오키노시마에서는 제사가 이어지고 있다. 무나카타(宗像) 세 여신 가운데 한 사람, 다고리히메(田心姬)를 모신 오키쓰노미야(沖津宮)로 무나카타대사가 관리하고 있다.

일본열도와 한반도를 잇는 해로의 요충지에 위치하며 지금도 제사장으로 기능하는 두 유적. 죽막동과 오키노시마가 말하는 것은 양 지역에 이러한 제사장을 설치할 정도로 빈번한 교류가 이루어졌으며 이것이 현재까지도 이어지고 있다는 역사적 사실이다.

한반도에서 바라본 고대일본

현재까지 이어지는 한일관계사 가운데 본서에서는 3세기 후반부터 6세기 전반의 상황을 서술했다. 이를 통해 드러난 왜의 모습, 즉 본서의 제목이기도 한 '한반도에서 바라본 고대일본'의 모습은 다음과 같이 정리할 수 있다.

3세기 후반부터 6세기 전반, 한반도에는 고구려, 백제, 신라, 가야, 영산강유역 등 사회가 할거하고 있었다. 고구려가 한반도 중남부로 진출을 꾀하게 되자 백제, 신라, 가야, 영산강유역의 사회는 국제 정세를 유리하게 전개하기 위해 다양한 대외 전략을 취할 필요가 있었다.

그 전략 중 하나가 바다를 사이에 둔 고대일본, 왜와의 통교였다. 다양한 물건, 사람, 정보를 왜에 제공하여 자신의 측으로 끌어들이고 그 관계를 다른 사회에게 과시함으로써 정세의 안정에 힘썼다. 즉 백제, 신라, 가야, 영산강유역에게 왜는 전략적으로 중요시해야 하는, 우호 관계의 확립이 필요한 '멀고도 가까운' 사회였던 것이다.

이러한 한반도 여러 사회의 왜에 대한 인식, 그리고 명확한 목적에 근거한 대왜교섭이 있었기 때문에 비로소 왜는 한반도로부터 다양한 문화를 받아들이고 이를 자신의 것으로 삼을 수 있었다.

영산강유역에서 왜를 생각하다

그럼 한반도가 대외전략적으로 중요하다고 인식한 왜는 어떠한 사회였던 것일까? 본서를 마무리하기 전에 한일관계사의 입장에서 왜의 실상에 대해 전망해보고자 한다. 그 단서는 제4장에서 언급한 영산강유역의 전방후원분이다.

제4장에서는 가능한 한 영산강유역 사회의 관점에서 5세기 후반부터 6세기 전반에 축조된 전방후원분의 역사적 배경을 검토했다. 거기에 한반도에서 본 왜의 모습이 응축되어 있다고 생각했기 때문이다. 그리고 또 하나, 영산강유역의 전방후원분을 생각하는 것이야말로 실은 왜의 사회를 생각하는 것이라 판단했기 때문이다.

일찍이 전방후원분 체제론(제2장 제4절에서 언급)을 제시한 쓰데히로시(都出比呂志) 씨는 고분시대를 '왜인계의 민족'이 형성되어 가는 시기로 보았다. 즉 규슈 남부에서 도호쿠 중부에 이르는 넓은 범위에 걸쳐 문화적인 공통권이 형성되었으며 이것이 민족형성의 기초가 된 것으로 생각한 것이다. 그 지표는 크게 세 가지이다. 왜왕권을 중심으로 넓은 물자의 물류권이 형성된 것, 생업과 의식주 등 생활양식에 공통성이 높아진 것, 그리고 전방후원분 제사 등 정신적인 습속이 공유된 것이다.

그리고 쓰데 씨는 민족형성의 결정적인 역할로 전방후원분 체제를 들었다. 고분의 크기와 다양한 형태에는 왜인사회의 정치적인 질서가 반영되어 있으며, 그 정점에 선 왜왕권이 민족으로 이어지는 문화적인 공통권 형성에 큰 역할을 담당한 것으로 본 것이다(都出 1993).

편협한 내셔널리즘으로 이어질지도 모르는 민족형성론에 쓰데 씨가 굳이 도전한 배경에는, 고분시대 연구를 오랫동안 주도

한 쓰데 씨의 현대사회와 국가에 대한 깊은 문제의식이 있다(杉井 2014). 쓰데 씨의 제언은 비판적으로 계승되어야 한다.

이때, 문제가 바로 영산강유역의 전방후원분이다. 전방후원분 체제론의 논리를 관철시키면 영산강유역 사회도 분명히 6세기 전반에는 이 체제에 편입되었다고 보아야 한다. 또 영산강유역의 전방후원분은 분구의 형태와 하니와, 횡혈식석실, 그리고 부장품 등 왜와 공통성이 많다. 따라서 이를 축조한 집단은 왜인계 민족형성의 기초가 된 정신적인 습속을 배양하고 있었던 셈이기도 하다.

그러나 영산강유역의 전방후원분에 반영된 정신적인 습속은 왜만 공통된 것이 아니다. 제4장에서 언급한 것처럼 영산강유역의 전방후원분과 전통적인 고총고분은 물류권을 공유하였고 유사한 장송 의례를 치르는, 말하자면 '병존적(竝存的)'인 관계였다. 또 피장자를 장식 목관에 안치하거나 장신구를 몸에 착장하는 장송 의례는 백제로부터 받아들인 것이다. 또 가야에서 반입된 부장품도 확인할 수 있다.

이처럼 영산강유역의 전방후원분에 표현된 습속의 다양성을 왜인계의 민족이 형성된 기초로 간주하는 것은 어려울 것이다. 하물며 전통적인 고분과의 병존 관계를 생각하면 영산강유역 사회가 전방후원분 체제에 편입된 것으로 볼 수도 없다. 앞서 살펴본 것처럼 영산강유역의 전방후원분은 왜와 백제, 가야 등의 사회와 정치·경제적, 그리고 문화적인 관계성을 나타내는 다의적(多義的)인 무덤인 것이다. 거기서 확인되는 정신적인 습속은 어디까지나 당시 영산강유역에 살고 있었던 사람들(출신지는 불문하고) 사이에서 공유되었을 것이다.

왜의 실상 – 앞으로의 과제

그리고 아마 이러한 정방후원분의 다의성은 영산강유역에만 한 정되지 않고 일본열도 각지의 지역사회에 축조된 전방후원분에 도 적용된다. 예를 들어 제3장에서 언급한 기비의 덴구야마고분 은 한반도의 동래(부산)지역, 영산강유역과 밀접한 관계를 나타내 는 전방후원분이기도 했다. 고분을 축조한 덴구야마집단은 세토 우치의 네트워크에 참가함으로써 주위의 여러 지역사회와 연결 되어 있었다. 그러나 '기비의 반란'이 실패하여 기비의 중심세력 이 진압되었을 때, 오히려 적극적으로 왜왕권의 슬하에 들어갔다.

또 '이와이의 난'을 일으킨 이와이가 생전에 축조한 것으로 여 겨지는 이와토야마고분은 6세기 전반, 전방후원분 가운데 네 번 째 큰 규모로 왜왕권과 밀접한 관계 속에서 축조된 것이 분명하 다. 한편 실제로 고분을 조영하기 위해서는 주위의 여러 지역사 회로부터 협력이 필요했을 것이다. 그들과는 분구 주위에 석제표 식을 세우는 등 정신적인 습속도 공유하고 있었다. 그리고 이와 이는 한반도의 다양한 사회와 교류하였으며, 마지막에는 신라와 손을 잡고 왜왕권과 관계를 끊은 것이다.

이 두 전방후원분만을 보아도 왜 각지에 전방후원분이 축조 된 배경, 이를 축조한 지역사회와 집단이 왜왕권에 대하는 입장 이 다양하였음을 상상할 수 있다. 왜왕권의 슬하에 들어간 증거 로 전방후원분을 축조한 경우에도 거기에는 지역사회와 집단의 명확한 이유가 있었다. 예를 들어 덴구야마집단의 경우에는 당시까지 대외활동을 통해 얻은 권익을 유지하는 것이었다.

또 전방후원분을 축조하는 것이 반드시 왜왕권에게 복속되고자 의도한 것이 아닌 경우도 있었다. 영산강유역 사회와 같이 왜(왕권)와 관련이 있다는 것을 전방후원분으로 표현하고 이를 통해 주위 사회를 견제하는 경우도 있었을 것이다. 혹은 이와이와 같이 왜왕권에게 면종복배(面從腹背)의 입장을 취하면서 전방후원분을 축조한 경우도 있었을 것이다. 그리고 전방후원분을 축조할 때, 한반도와 밀접한 관계가 중요한 요소가 되는 경우도 많았다.

이렇게 보면 고분시대 왜의 실상을 생각할 때, 이를 특징짓는 전방후원분을 통해 왜왕권 중심의 정치적인 질서를 읽어내는 것만으로는 불충분하다. 오히려 필자는 한일관계사를 연구하는 입장에서 전방후원분의 본질을 다음과 같이 생각하고 있다.

고분시대(엄밀하게 본서에서 다룬 3세기 후반부터 6세기 전반까지) 왜에는 왜왕권을 핵으로 각 지역사회의 거점이 서로 얽혀 가변적인 네트워크가 형성되어 있었다. 이는 한반도(적어도 중남부)까지 이어져 있었고 거기에도 유사한 네트워크가 형성되어 있었다. 이 환해지역(環海地域)을 둘러싼 네트워크를 활용하면서 왜왕권과 지역사회는 때로는 협조하고, 때로는 경합하면서 한반도의 여러 사회와 정치·경제적인 교섭을 거듭했다. 그 과정에서 선진 문화와 관련된 물건, 사람, 정보를 활발히 받아들였고, 이를 기반으로 다양한 생산 활동과 토지 개발을 실시했다. 이를 주도한 각지의 수장층이 자신의 활동을 표현하고 과시하기 위해, 그리고 왜왕권과 다른 지역사회, 나아가 한반도와의 유대관계를 나타내기 위해 공통된 기념물과 시스템이 필요했다. 그것이 전방후원분이었다.

이 생각은 아직 필자의 예측에 지나지 않는다. 이를 논증하기 위해서는 왜의 각지에서 전방후원분을 축조한 지역사회와 집단의 관점, 혹은 이와 밀접하게 관련된 한반도의 관점을 고려하면서 왜와 영산강유역에 축조된 전방후원분의 다양성을 명확히 할 필요가 있다. 그렇게 함으로써 왜의 실상을 한층 풍부하게 그릴 수 있는 길이 열리지 않을까. 앞으로의 과제로 삼고자 한다.

일의대수의 사이

본서를 끝내기 전에 한 마디. 일본열도와 한반도는 흔히 일의대수(一衣帶水)의 관계라 일컬어진다. 일의대수란 한 줄기 좁은 강물이나 해협을 말하는데 바꾸어 말하면 그만큼 가까운 관계를 의미한다.

2015년은 한일 국교 정상화 50주년이었다. 일본정부 관광국과 한국관광공사의 통계에 의하면 한일기본조약이 맺어진 1965년 당시, 연간 일본과 한국을 왕래하는 사람은 불과 1만 명 정도에 지나지 않았다고 한다. 그 후 사람들의 왕래가 활발해져 한일 월드컵이 개최된 2002년에는 359만 명, 그리고 2015년에는 584만 명의 사람이 오가게 되었다.

현재 일본에게 한국은 중국과 미국의 뒤를 잇는 제3위의 무역 상대국이기도 하다. 아마 일본열도와 한반도는 전 세계에서도 물건, 사람, 정보의 왕래가 가장 활발한 환해지역의 중 하나일 것이다.

그러나 일본과 북한은 2002년, 국교정상화를 목표로 '조일평양선언'을 조인하면서도 소위 일본인 납치와 핵개발 등 여러 문제로 인해 사람들의 왕래를 크게 제한하고 있다. 그리고 한국, 북한과 일본 모두 근대 일본의 식민지 지배에 대한 언설을 둘러싸고 상대에 대한 부정적인 감정을 가진 사람들도 많다. 일본에서는 주로 '반한', '혐한'으로 표현된다.

현재의 일본열도와 한반도에 살고 있는 사람들의 관계를 더욱 좋은 미래로 이어가기 위해서는 어떻게 하면 좋을까. 순진한 생각일지 모르겠지만 필자는 지금까지의 관계를 다시 한번 냉정하게 뒤돌아봄으로써 앞으로의 관계를 내다볼 지혜를 얻을 필요가 있지 않을까 한다.

물론 과거의 한일관계가 우호적이지만은 않았다. 멸시, 불신, 증오, 대립, 그리고 지배라는 요소도 다분히 포함하고 있다. 그러나 그렇기 때문에야말로 그 실태를 재검토해야 한다. 국가라는 틀에 얽매이지 않고 상대방의 입장도 고려하면서 지역과 민간, 그리고 개인 수준의 다원적인 관계사를 풍부하게 그려갈 수 있다면 미래로 나아가기 위한 실마리가 희미하게나마 보이지 않을까. 본서를 집필한 근본적인 이유는 여기에 있다.

본서가 과거부터 미래로 이어지는 한일관계사를 다시 바라보는 데 지혜가 될 수 있을지, 없을지는 독자의 판단에 맡길 수밖에 없다. 조금이나마 그렇게 될 수 있기를 바랄 뿐이다.

::

인용·참고문헌

한국어

국립전주박물관, 1994, 『부안 죽막동 제사유적』, 국립전주박물관 학술조
　　　사보고 제1집.

일본어

国立歴史民俗博物館, 2016, 『歴博195 特集: 一衣帯水のあいだがら—歴
　　　史·民俗からみた日朝関係—』.

杉井 健, 2014, 「前方後円墳体制論の再検討」, 『古墳時代の考古学9 21世
　　　紀の古墳時代像』, 同成社

都出比呂志, 1993, 「前方後円墳体制と民族形成」, 『待兼山論叢』27, 史学
　　　篇, 大阪大学文学部.

::

사진제공기관

아래의 기관으로부터 사진을 제공받았다. 이에 깊이 감사드린다.

한국(ㄱㄴㄷ순)

경남연구원 ┃ 경상대학교박물관 ┃ 국립경주박물관 ┃ 국립광주박물관

국립나주문화재연구소 ┃ 국립대구박물관 ┃ 국립문화재연구소

국립전주박물관 ┃ 국립중앙박물관 ┃ 국립청주박물관

대성동고분박물관 ┃ 대한문화재연구원 ┃ 동신대학교문화박물관

동아대학교석당박물관 ┃ 동아세아문화재연구원 ┃ 마한문화연구원

복천박물관 ┃ 부산대학교박물관 ┃ 부산박물관 ┃ 영남대학교박물관

울산문화재연구원 ┃ 전남대학교박물관 ┃ 한성백제박물관

호남문화재연구원

일본(50음순)

朝倉市教育委員会 ┃ 岡山大学考古学研究室

香川県埋蔵文化財センター ┃ 加古川市教育委員会

柏原市教育委員会 ┃ 春日市教育委員会

「神宿る島」宗像·沖ノ島と関連遺産群保存活用協議会

木島平村教育委員会 ┃ 九州歴史資料館 ┃ 京都大学総合博物館

国立歴史民俗博物館 ┃ 志免町教育委員会 ┃ 隅田八幡神社

高崎市教育委員会 ┃ 高松市歴史資料館 ┃ 宗像大社 ┃ 八女市教育委員会

::

후기

2014년 3월 말, 고단샤(講談社) 현대신서 편집부의 야마자키 히로시(山﨑比呂志)씨로부터 편지를 받았다. 이것이 본서를 간행하는 계기였다. 전서인 『古墳時代の日朝関係』(吉川弘文館)가 간행된 지 10일이 채 지나지 않은 때였다. 직접 근무처까지 찾아온 야마자키 씨는 한반도에서 본 왜의 모습을 그려줬으면 좋겠다면서 다카타 씨가 아니면 쓸 수 없다고 했다.

감격했다. 야마자키 씨의 입장에서 본다면 다분히 형식적인 겉치레 말이었겠지만 그런 이야기를 듣고 신인들은 용기를 내어 어떻게든 제 몫을 해나간다. 야마자키 씨에게 받은 편지는 많이 해졌지만 지금도 수첩에 끼워 가지고 다닌다. 본서가 조금이나마 읽기 쉽게 쓰인 것은 전적으로 야마자키 씨의 조언 덕분이다. 진심으로 감사를 드린다.

나의 연구 생활은 1993년 4월에 오카야마(岡山)대학 문학부 사학과에 입학한 후, 고고학연구실의 조사, 연구에 참여하면서 시작되었다. 1999년 12월부터 2004년 3월까지는 한국 경북대학교 고고인류학과 박사과정으로 유학 생활을 경험했다. 현재는 일본 국립역사민속박물관(역박)에서 근무하고 있다.

본서에서도 조금 소개했으나 역박은 한국의 여러 연구기관과 공동연구와 학술교류를 진행하고 있다. 여기에 종사하였기 때문에 본서를 집필할 수 있었다.

대학에 입학했을 때부터 오늘날에 이르기까지, 사람을 만나고 사귀는 것이 서툰 나에게 가족같이 대해주고 지도편달해주신 모든 분에게 진심으로 감사드린다. 본서가 지금까지의 학은(學恩)에 조금이나마 보답할 수 있다면 그 이상 기쁜 것은 없을 것이다.

평소에 이야기 못 한 가족에게 감사의 마음을 전하고 싶다. 우선 무엇보다 연구를 가장 이해해주는 아내 박선영, 아들 채희(아야키)와 서희(미즈키)에게 진심으로 고맙다고 하고 싶다. 평소의 가정생활이야말로 나에게 가장 중요한 한일 교류의 장이며, 연구의 원동력이다. 또 여러 갈등이 있었겠지만, 아내를 일본으로 보내주신, 지금도 한국에서 우리를 따뜻하게 지켜봐 주시는 장인어른(박태조)과 처제(박주영)에게도 깊이 감사드린다.

그리고 7년에 걸친 오랜 투병 생활 끝에 2015년 1월, 천국으로 여행길을 떠난 어머니 노리코(範子)의 영전에 이 책을 받친다. 대학 졸업 때 연구자의 길을 걷겠다고 말씀드렸을 때, 마흔까지 자립하면 된다며 격려해주신 어머니의 웃는 얼굴을 잊을 수 없다.

마지막으로 어머니를 헌신적으로 보살피고 지금도 사별이라는 깊은 슬픔에 빠져 계시는 아버지 유타카(豊)에게 아들이 쓴 이 책이 조금이나마 위안이 되었으면 한다. 나는 아버지에게 소수의 입장에서 여러 가지를 깊이 생각하는 중요성을 배웠다.

아버지, 어머니, 마흔이 조금 지났지만, 제구실을 잘 하고 있는 것일까요. 고마워.

2016년 12월

다카타 간타 (高田貫太)

::

옮긴이의 말

이 책은 다카타 간타(高田 貫太) 선생님의『海の向こうから見た倭国』를 번역한 것이다. 다카타 선생님은『日本列島 5, 6世紀 韓半島系 遺物로 본 韓日交涉』이라는 주제로 2005년 경북대학교 고고인류학과 대학원에서 박사 학위를 받으셨고, 현재 일본 국립역사민속박물관에 재직하고 계신다. 박사 졸업 이후, 한일관계사와 관련된 다수의 고고학 논문을 발표하셨으며 그 성과는 2014년『古墳時代の日朝関係―新羅·百済·大加耶と倭の交渉史―』라는 단행본으로 정리되었다. 이 책은 그 후속작으로, 지금까지 집대성된 선생님의 연구 성과를 일반 독자들도 쉽게 이해할 수 있도록 재편집하되 일부 내용(전방후원분 등)을 보완, 추가하여 2017년 일본에서 新書로 출판된 것을 옮긴 것이다.

3세기 후반부터 6세기 전반까지, 약 300년에 걸친 기간 동안 신라, 백제, 가야, 영산강유역과 왜의 관계사를 생동감 있게 그려내기 위해 다카타 선생님은 여러 유적을 답사하고 수많은 고고자료를 분석하였다. 그 연구 결과를 일반 독자들이 읽어도 이해할 수 있도록 노력한 흔적은 내용을 숙독한 독자라면 책의 구석구석에서 쉽게 발견할 수 있을 것이다. 특히 문헌사학의 연구 성과를 적절하게 구사함으로써 문헌사학자들도 최신 고고학 자료에 쉽게 접근할 수 있게 된 것, 본문 속에서 누차 언급된 것처럼 중앙 정권만이 아니라 지역사회를 강조하는 관점은 한국고고학계에도 큰 경종을 울린다고 하겠다. 한일관계사의 입문서로서 고고학을 전공하는 학생만이 아니라 한일관계사, 나아가 역사에 관심이 있는 일반 시민들에게도 이 책을 추천하고 싶다.

언젠가 恩師의 책을 번역할 것이라 막연히 생각하고 있었으나, 생각보다 일찍 번역을 맡게 되었다. 일본어 실력이 부족한 제자에게 당신의 책을 번역할 기회를 주신 다카타 선생님께 진심으로 감사드린다. 본문 중에 이해하기 어렵거나 어색한 한국어 표현이 등장한다면 전적으로 옮긴이의 탓이리라. 일본에서 책이 출간되기 직전, 맥주잔을 기울이는 자리에서 불쑥 보여주신 후기를 같이 읽으면서 잠시나마 눈시울을 붉히시던 다카타 선생님의 모습이 아직도 눈에 선하다.

유학기간 동안 물심양면으로 도와주신 대한문화재연구원 이영철 원장님께 다시 한 번 신세를 지게 되었다. 부족한 후배를 항상 따뜻하게 감싸주시는 모습을 본받고자 한다. 번역서는 처음인지라 여러 가지 부족한 점이 많았음에도 불구하고 다방면으로 도와주신 진인진 관계자 여러분들께도 고마움을 전한다.

2019년 3월
김도영

한반도에서 바라본 고대일본
海の向こうから見た倭国

초판 1쇄 발행 | 2019년 8월 1일

지은이 | 다카타 간타(高田貫太)
옮긴이 | 김도영
편 집 | 배원일
발행인 | 김태진
발행처 | 진인진
등 록 | 제25100-2005-000003호
주 소 | 경기도 과천시 별양상가 1로 18 614호(별양동 과천오피스텔)
전 화 | 02-507-3077-8
팩 스 | 02-507-3079
홈페이지 | http://www.zininzin.co.kr
이메일 | pub@zininzin.co.kr

ⓒ 진인진 2019
ISBN 978-89-6347-417-5 93910

* 책값은 표지 뒤에 있습니다.